W0110245

Gesa Wohlleben ✴ Xenia Bünning

Zehn kleine Krabbelfinger machen auch Rabatz

Kösel

Gesa Wohlleben * Xenia Bünning

Zehn kleine Krabbelfinger machen auch Rabatz

Erste Hilfe für Quengelsituationen

Inhalt

VORWORT

Dieses Buch soll Eltern helfen, wenn die Zeiten mit den Kindern mal nicht so rosig sind – und das kommt in den meisten Familien häufiger vor, als man denkt. »Wutteufel« sind relativ schnell zu erkennen und, je kleiner die Kinder sind, meist auch bald wieder zu beruhigen und zu verwandeln. Damit Ihnen das gelingt, wollen wir mit diesem Buch einige Tipps und Zauberideen beschreiben – Spiele, Verse, Lieder, kleine Basteleien – die helfen, die Stimmung für alle kreativ zu retten. Bewusst verzichten wir auf lange theoretische Erklärungen und setzen dafür auf spielerische, einfache Praxislösungen.

Kein Kind will die Eltern ärgern

Ein Kind, egal wie alt es ist, will die Eltern nicht bewusst ärgern. Ein Kind ist neugierig und begierig seine Umwelt zu erforschen, dieses Bedürfnis will gestillt werden. Oft sind Erwachsene mit ihren Gedanken woanders, abgelenkt durch die vielen Anforderungen des Alltags. Dies spüren aufmerksame Kinder, die feinfühlig für Stimmungen sind. Aus Stress und Hektik, auch aus Unachtsamkeit entstehen dann oft die kleinen oder großen Unwetter.

Hilflosigkeit auf beiden Seiten sorgt dafür, dass aus einem lauen Wind ein Wirbelsturm werden kann. Manchmal muss man warten, bis der Wind sich legt. Bei kleinen Kindern wechseln Sonne und Regen oft schnell und fast übergangslos. Warum das so ist, hängt mit den Entwicklungsphasen des Kindes zusammen.

Unser Buch soll eine hilfreiche Unterstützung sein, wenn Kinder Rabatz machen. Mit Rabatz sind Gefühlsstürme aller Art gemeint, auch als Ausdruck von Protest und Empörung. Die Fingerpuppe Rudi Rabatz soll Ihr kleiner Begleiter sein und Ihnen helfen, die Spaßebene nicht zu vergessen, die auch in verzweifelten Situationen bei genauem Hinschauen noch erkennbar bleibt.

ELTERN SIND DAS BESTE SPIELZEUG

Kinder benötigen persönliche Zuwendung und auch viel Zeit: Eltern sind das beste Spielzeug! Altbekannte Lieder, Verse, Spiele und leicht umzusetzende Kreativideen sind ausgezeichnete Unterstützungen.

Diese Zauberhilfen und Spielideen sind meist hilfreich, wenn sich die Situation nicht zu sehr verfestigt hat. Manchmal ist die Stimmung so, dass nur ein Erwachsener den Knoten der Verwirrung lösen kann. Dies gelingt mit Gelassenheit und Humor schneller als mit Vorwürfen, Moral, oberlehrerhaftem Verhalten und Wutausbrüchen.

Langjährige Erfahrungen haben wir in der Elternarbeit und besonders in der Leitung von PEKiP-Kursen und anderen Spielgruppen gesammelt, bei denen immer auch der Austausch mit den Eltern im Mittelpunkt standen. Diese praktische Arbeit hat uns dazu geführt, ein weiteres Krabbelfingerbuch zu schreiben. Zusätzlich haben wir in entsprechenden Fortbildungen unser Wissen aktualisiert. Natürlich gibt es auch noch unseren Alltag mit Kindern und Enkelkindern in den eigenen Familien, der nicht immer nach Plan verläuft. Aus all diesen Erlebnissen resultieren unsere praktischen Einsichten und Ideen, die wir selbst erfolgreich erproben konnten.

Allerdings gibt es leider auch von uns keine Patentrezepte, nur Tipps und Anregungen, die manchmal helfen. Spielideen funktionieren in jeder Familie anders und können auch immer kreativ umgestaltet werden. Notieren Sie sich bitte eigene Ideen, die aus der Situation mit ihren Kindern entstanden sind und tauschen Sie diese mit befreundeten Eltern aus.

Vergessen Sie nie, dass Ihr Kind trotz aller Anstrengungen einzigartig und der größte Schatz auf dieser Welt ist. Erziehung ist immer auch abenteuerlich. Man wächst mit seinen Aufgaben – nur Mut, Sie schaffen das!

Zauberhilfen für das Familienleben

Zauberhilfe Erziehungsklarheit

Heute können Paare ein Kind viel bewusster planen. So können Sie sich über die jeweilige Wunschvorstellung des anderen informieren. Erziehung ist Beziehung (Jesper Juul), die unter Beachtung eigener Bedürfnisse und Vorstellungen betrachtet werden sollte. So gehören zur Vorbereitung nicht nur Nestbau und das Einrichten des Kinderzimmers, sondern ganz viele offene Gespräche über Erziehungsziele.

Ziel in der Familie sollte sein, ein gutes Team zu gründen, in dem alle respektiert werden. Alles ist Spiel und im guten Team spielen die Mitspieler fair – das schafft Vertrauen. Sichere Bindung entsteht dann, wenn Eltern und Kinder sich immer mehr aufeinander einspielen. Geborgenheit kann sich nur dann entwickeln, wenn das Team

sich gegenseitig unterstützt. Vertrauen Sie Ihrem Bauchgefühl, Ihrer Intuition und versetzen Sie sich öfter in die Lage des Kindes. Ohne die Bereitschaft, die Individualität des anderen anzuerkennen, kommt kein kompetentes Zusammenspiel zustande.

Gute Spielregeln erleichtern vieles. Gelassenheit und diplomatisches Geschick erleichtern die Aufgabe, zum guten Begleiter des Kindes zu werden. Fantasie, Freude und Humor bewirken in der Erziehung mehr als Machtkampf und Durchsetzungsvermögen. Die Führung bleibt jedoch beim Erwachsenen. Sie als Eltern sind und bleiben die »Bestimmer«, bis das Kind groß genug ist, um Verantwortung zu übernehmen. Manchmal sind es kleine Tricks und Zauberideen, die unliebsame Anweisungen der Eltern in eine Aufforderung zum Spiel verwandeln. Rudi Rabatz, der kleine Wutteufel, wird Sie begleiten und Ihren Trotzkopf verzaubern.

Familienregeln sollten in Ruhe durchdacht und erst dann festgesetzt werden. Sie sollten dabei überdenken, ob das gewünschte Erziehungsziel zu Ihrem Leben passt. So kann man ein Kind nicht vom Naschen abhalten, wenn man selbst ständig zu Süßig-

keiten greift. Auch Vergleiche mit anderen Familien sollten Sie vermeiden, denn dies führt eher zu Konkurrenzdenken. Erst wenn die Passung stimmt und wir hinter unserer Erziehungsidee stehen, können wir sie auch selbstbewusst durchsetzen. Jede Regel kann natürlich auch verändert, zum Beispiel an das Alter des Kindes angepasst, oder auch abgeschafft werden, wenn sie nicht mehr stimmig erscheint.

Konflikte und Streit gehören zu jeder Gemeinschaft dazu und lassen sich in keiner Familie vermeiden. Seien Sie sich dessen bewusst, denn: »Es geht nicht darum, nie mehr zu streiten. Es geht darum, immer klüger zu streiten.« (Stefanie Schneider, Der kleine Streitberater). Sie sollten darauf achten, dass Reibereien nicht unfair werden. Ansonsten gilt: Reibung erzeugt auch Wärme – und die suchen ja Klein und Groß!

CHECKLISTE

* Nicht jeder Ratschlag passt auf eine Familie, Sie müssen auf Stimmigkeit achten.
* Konflikte und Ärger gehören zum Leben.
* Vertrauen Sie auf Ihre eigene innere Stimme und auf Ihr Bauchgefühl.
* Durchdenken und stellen Sie Ihre Regeln in Ruhe auf.
* Stehen Sie hinter Ihrer Erziehungsidee, können Sie diese auch selbstbewusst durchsetzen.
* Familienstärke erfahren Kinder, wenn sie emotionale Unterstützung spüren. Diese wird durch gemeinsames Handeln deutlich, wie Hausarbeit, Putzen, Kochen, Backen, Waschen, Einkaufen, Singen und Spielen.
* Humor und Gelassenheit sorgen für weniger Kampf, stattdessen können Sie über viele Situationen des Familienalltags lachen.
* Geborgenheit sind zwei offene Arme, die einen umschließen, in denen man sich sicher, aber nicht eingeengt fühlt. (Verfasser unbekannt)

Zauberhilfe Entspannung & Gelassenheit

Für Eltern ist es wichtig, auch mal an sich zu denken. Sie haben es heute oft nicht leicht, da Sie Familie und Beruf unter einen Hut bringen müssen. Sorgen Sie unbedingt auch für sich und gönnen Sie sich rechtzeitig eine Pause. Großeltern, Verwandte, Paten, gute Freunde sind die richtigen Ansprechpartner. Gemeinsam sind Sie stark! Früher gab es Großfamilien, in der sich alle gegenseitig halfen und entlasteten. Heute ist es sinnvoll, sich Netzwerke in der eigenen Umgebung zu schaffen, damit der Stress nicht zu groß wird. »Omadienste« gibt es in der Großstadt; Nachbarn und Gemeinden sind außer Freunden und Verwandten gute Adressen.

Sind wir im Stress und denken hektisch schon drei Schritte im Voraus, dann überträgt sich unsere Unruhe auf die Kinder und Rabatz ist vorprogrammiert. Manchmal sind es nur kleine Ruhepausen und Tricks, die helfen, den Alltag zu entschleunigen. Weniger ist oft mehr!

Checkliste Entspannung

* Die Stimmung des Erwachsenen überträgt sich auf das Kind. Versuchen Sie Gelassenheit zu demonstrieren.
* Zur Beruhigung zählen Sie langsam bis 10.
* Die Körperhaltung beeinflusst den Gemütszustand, deshalb Körper straffen und tief durchatmen.
* Gähnen entspannt und regt die Ausschüttung von Glückshormonen an.
* An einen schönen Ort, ein Erlebnis denken oder Musik hören, dies hilft, in gute Laune zu kommen.
* Mit dem Kind gemeinsame Atemspiele machen und dabei blubbern, gähnen, niesen oder Grimassen schneiden.
* An die frische Luft (und Sonne) gehen.

Bestimmen Sie für sich einen gemeinsamen Abend in der Woche, der Ihnen die Möglichkeit gibt, den Blick auf Ihren Partner oder Ihre Partnerin nicht zu verlieren und Ihre Beziehung zu pflegen. Sie werden staunen, wie viel Stärke und Belebung Sie erfahren können. Zuwendung brauchen auch die Großen.

Checkliste Entschleunigung

* Anrufbeantworter einschalten, das Telefon klingeln lassen oder ganz abstellen.
* Prioritäten setzen und den Tag nicht zu sehr verplanen.
* Immer nur eine Sache erledigen, Schritt für Schritt (nicht gleichzeitig kochen und telefonieren).
* Pausen einplanen zur Entspannung, oft reicht eine kurze Kaffeepause.
* Unterstützung annehmen und sich darüber freuen.
* Lernen auch mal »Nein« zu sagen.
* Kleiner Check: Was will ich und was tue ich, weil andere es von mir erwarten?
* Gesund leben, lachen, Freundschaften pflegen.
* Liebevolle Rituale in den Tag einbauen und so versuchen Hektik zu vermeiden.

Zauberhilfe Humor

Eine ganz besondere Zauberhilfe im Familienleben ist alles, was mit Lachen zu tun hat.

Humor ist ansteckend und Lachen sogar gesund. Heiterkeit kann Traurigkeit und Angst wegblasen und reduziert Stresshormone. Vieles im Leben lässt sich mit Humor leichter ertragen und erledigen. So sollte man schwierige Alltagssituationen möglichst locker nehmen, um nichts zu verhärten oder zu dramatisieren. Kleine Kinder leben im Augenblick und denken noch nicht an morgen. Deshalb sind sie in der Regel auch leicht zu beeinflussen. Eltern sollten vermeiden, ihrerseits wütend zu reagieren, denn das führt häufig zur Eskalation.

Zauberwirksam ist zum Beispiel Fratzenschneiden vorm Spiegel oder mit verstellter Stimme sprechen. Hier kann auch Rudi Rabatz wirksam eingesetzt werden. Seien Sie humorvoll und kreativ. Wenn Sie ein wenig nachdenken, fallen Ihnen sicher noch Spiele und Verse aus Ihrer eigenen Kindheit ein.

Checkliste

* Lachen löst Verspannungen und lockert.
* Humor steckt an und entschärft die Situation.
* Humor ist, wenn man trotzdem lacht – lachen Sie auch mal über sich selbst!
* Das Kind niemals auslachen! Es kann das Selbstbewusstsein verletzen.
* Überraschungsmoment nutzen und plötzlich eine humorvolle Handlung ausüben (z. B. auf dem Boden krabbeln oder verstecken).
* Tierstimmen nachahmen, z. B. piepsen wie eine Maus. Witzig ist es, wenn man das Geräusch einem anderen Tier zuordnet.
* Rudi Rabatz oder Stofftiere mit dem Kind sprechen lassen (»Wie geht es dir?«).

Zauberhilfe Rituale

Oft sind Kleinkinder Gewohnheitstiere, die deswegen Familienrituale sehr genießen. Sie bieten ihnen Sicherheit und lassen Verlässlichkeit erkennen. Dabei entwickeln Kinder eine erstaunliche Ausdauer und auch immer wiederkehrende Abläufe werden nicht langweilig. Gerade in unserer hektischen Zeit, wo alles sich ständig verändert, geben Rituale dem Kind Halt.

Auch Erwachsene erinnern sich an lieb gewonnene Gewohnheiten aus ihrer Kindheit. Bauen Sie auf diese Erinnerungen auf und entwickeln Sie daraus Abläufe, die zu Ihnen und Ihren Kindern passen und die in den Tagesablauf eingebaut werden können.

Checkliste

★ Feste Abläufe schaffen Orientierung und Struktur im Alltag.

★ Wiederholung schafft Routine, z. B. Hände waschen, wenn man von draußen kommt, und Zähne putzen nach dem Essen.

★ Das Kind freut sich auf bekannte Abläufe und den Wiedererkennungswert, z. B. Frühstück gibt es nach dem Aufstehen und Süßigkeiten erst nach dem Essen.

★ Auch für Erwachsene kann ein festes Ritual Ausgleich schaffen, z. B. eine zehnminütige Kaffeepause nach der Heimkehr von Arbeit oder Kita.

★ Kalkulieren Sie genügend Zeit für das Ritual ein und beginnen Sie rechtzeitig (bevor das Kind müde wird).

★ Rituale sollten altersgemäß verändert werden.

Zauberhilfe Motivieren

Kaum können die kleinen Wichte laufen, schon wollen sie alles alleine machen und finden es gar nicht gut, wenn es nicht so klappt oder sie von Erwachsenen gebremst werden. Freude und Stolz über jede Möglichkeit, Selbständigkeit zu zeigen, können manchmal sogar einen Trotzanfall bremsen. Neugierde wecken durch Fragen und Einbeziehen in die Abläufe können hier die Zaubermittel sein.

Kinder wenden sich neuen und unbekannten Objekten und Spielsachen meist begeistert zu, um sie zu untersuchen. Lassen Sie Ihrem Kind Zeit dafür, wenden Sie sich ihm zu und begleiten Sie sein Tun mit Worten.

Selbstständigkeit bedeutet für die Kleinen, auch einmal selbst auf ein »Nein« zu bestehen. Ein neuer Motivationsschub könnte es dann sein, dies zu akzeptieren und es mit einem Kompromissvorschlag zu versuchen.

Checkliste

* Das Kind mit einbeziehen und kleine Aufgaben geben.
* Klare und kurze Sätze.
* Positiv formulieren motiviert besser als ermahnen.
* Auf positiven Tonfall achten.
* Dem Kind etwas zutrauen und ihm Kompetenz vermitteln.
* Handlungen des Kindes mit Worten begleiten und Interesse zeigen.
* Größere Kinder können Sie mit einbeziehen. Manchmal hilft schon die Frage »Was machen wir jetzt?«
* Kompromissbereitschaft zeigen und durch neue Angebote Neugierde wecken.

Kinder wollen einbezogen werden!

Zauberhilfe
Wut rauslassen durch Bewegung

Die meisten Kinder bewegen sich gerne und bauen dadurch Anspannung und Irritation ab. Versuchen Sie deshalb, dem Bewegungsdrang des Kindes gerecht zu werden. Bieten Sie Möglichkeiten zum Toben und Bewegungsspiele aller Art an, die ein Ventil für die Wut schaffen können. Auch »verspannten« Erwachsenen können diese Zauberhilfen nutzen.

Checkliste

* Wenn Sie die Situation verlassen, führt das häufig schon zu einem Stimmungswechsel.
* Umfeld wechseln, also Raum verlassen, frische Luft atmen, Pause machen.
* Wut rauslassen durch Stampfen mit den Beinen und Trommeln auf den Tisch, ins Kissen boxen oder mit Rudi Rabatz spielen und zur Beruhigung streicheln.
* Durchatmen, ruhig werden, ein Glas Wasser trinken und dann handeln.
* Gemeinsam bewusst laut sein (wie ein Löwe brüllen, schreien) oder auch flüstern, schleichen und den Wutteufel nicht wecken!
* Die Arme kraftvoll schwingen und so in Schwung kommen.
* Tief summen oder brummen, lässt den ganzen Körper vibrieren und entspannen.
* Tanzspiele, Kniereiter und Stampfspiele, bunte Tücher wehen lassen, Zimmertrampolin oder Luftmatratze zum Hopsen, Schaukeln.

ZauberHilfe KörperKontakt

Je kleiner ein Kind ist, umso mehr bedarf es der Körpernähe einer Bezugsperson. Auch größere Kinder versichern sich gern der Liebe ihrer Eltern durch Streicheln, Schmusen und Nähe.

Vor allem bei Angst und Unsicherheit mögen Kinder sich gerne ankuscheln. Erfinden Sie kurze Geschichten, die mit Mut, Stärken und Schwächen zu tun haben, und lassen Sie das Kind miterzählen.

Genießen Sie in Ruhe die Zeit des intensiven Schmusens, denn es kommt meist viel zu schnell der Moment, wo Ihr Liebling groß sein und alles allein machen will.

Sollten Sie Ihrem Kind eine Anweisung geben wollen, so ist es wichtig, sich möglichst auf Augenhöhe mit ihm zu begeben und es eventuell liebevoll zu berühren, um die Aufmerksamkeit des Kindes sicherzustellen.

Checkliste

* Körperkontakt ist notwendig, wenn wir unserem Kind etwas Wichtiges mitteilen wollen.
* Auf Augenhöhe des Kindes begeben, hinknien und Augenkontakt herstellen.
* Kinder sagen uns, was sie brauchen, wenn wir ihnen die Zeit dafür geben.
* Achtsam sein und Kinderstimmungen und Emotionen ernst nehmen.
* Körperkontakt gibt Sicherheit und hilft bei Angst und Unruhe.
* Auf das Kind einlassen, trotzdem die Richtung bestimmen.

BerüHrung gibt SicHerHeit

Die
Macht der
Sprache

Die Wahl der richtigen Worte kann alles bewirken, denn Worte können fürs Leben prägen, beglücken oder tief verletzen.

Es gibt Situationen, da rasten Erwachsene aus, schimpfen und schreien, weil sie hilflos sind und die Situation nicht in den Griff bekommen. Leider glauben viele Erwachsene, dass die Kinder noch zu klein sind, um Stimmungen und Worte zu verstehen. Das Gegenteil ist der Fall.

Dies sollten Eltern und andere Erwachsene berücksichtigen, bevor sie lospoltern. Legen Sie Entspannungsminuten ein, holen Sie tief Luft, um in der Erregung keine falschen Worte zu benutzen. Sollten Sie sich vergessen haben, so entschärft eine kurze Erklärung und Entschuldigung enorm. Auch Eltern dürfen Fehler machen!

Vermeiden Sie in Gegenwart des Kindes negative Äußerungen über sein Verhalten und Tun. Zügeln Sie sich auch diesbezüglich über Erwachsene (z. B. die Erzieherin) zu reden, weil Ihre Meinung dem Kind als Vorbild dient.

Beginnen Sie so früh wie möglich dem Kind mitzuteilen, wie glücklich Sie sind, es zu haben, so wie es ist. Anerkennung und positive Formulierungen verändern das Familienklima und vermitteln Ihrem Kind ein positives Selbstbewusstsein.

Checkliste

- Reden Sie nicht über, sondern mit Ihrem Kind.
- Achten Sie auf den Tonfall. Der Ton macht die Musik.
- Die Vorstellung, mit Freund oder Freundin zu sprechen, hilft die Beherrschung zu behalten.
- Die Sprache sollte nicht Kampfmittel, sondern Botschaft für Liebe und Vertrauen sein, um das Kind zu fördern und zu stärken.
- Loben Sie Ihr Kind unabhängig vom Alter ehrlich und im Rahmen, sodass sich das Lob nicht abnutzt.
- Geben Sie positiv formulierte Anweisungen und verbannen Sie das Wort »nicht«.
- Besser »Festhalten!« statt »Nicht runterfallen!« oder »Langsam!« statt »Nicht rennen!«.
- Verwenden Sie Ich-Botschaften, wenn Sie mit dem Kind sprechen.
- »Ich bin traurig, dass es so viel Streit gibt«, anstatt: »Immer müsst ihr streiten und zanken«.
- Sie dürfen auch negative Empfindungen äußern und Ihren Ärger erkennbar machen, aber Sie sollten nie schreien und Anklagen vermeiden.
- Benutzen Sie keine offenen Fragen, sondern stellen Sie lieber zwei Alternativen zur Wahl.
- Geben Sie klare Anweisungen in langsamen, kurzen Sätzen.
- Stellen Sie durch Körperberührung und Augenkontakt sicher, dass Ihr Kind Ihnen zuhört.
- Antworten Sie auf Fragen des Kindes mit Ja oder Nein und stellen Sie keine Gegenfragen.
- Entschuldigen Sie sich für sprachliche Ausrutscher, egal wie alt das Kind ist, und greifen Sie zu unseren Zauberideen, um eine Eskalation der Situation zu vermeiden.

Worte können für das Leben prägen

VERSE UND WORTSPIELE ZUM LACHEN

Komm her, mein kleiner Fratz.
Du bist ein echter Schatz.
Wir tanzen alle munter
die ganze Straße runter
und hüpfen wie ein Floh,
mal auf, mal ab, mal soooooo.
(Kitzeln)

Komm her, mein kleiner Fratz.
Du bist ein echter Schatz.
Wir drehen uns im Kreise
auf ganz besondere Weise.
So fliegt das ganze Kind,
noch schneller als der Wind.
Huii!
(Schnell drehen)

A-ram – sam sam! A-ram – sam sam!
Im Takt klatschen

Gulli gulli gulli gulli gulli – ram sam sam.
Hände umeinander drehen

A-ram – sam sam! A-ram – sam sam!
Im Takt klatschen.

Gulli gulli gulli gulli gulli – ram sam sam.
Hände umeinander drehen.

Aa Ra Bi! Aa Ra Bi!
Nach vorne verbeugen mit angewinkelten Armen.

Gulli gulli gulli gulli gulli ram sam sam.
Hände umeinander drehen.

Aus Marokko

Auf einem Baum ein Kuckuck saß
Sim sa la bim, bam ba, sa la du, sa la dim,
auf einem Baum ein Kuckuck saß.

Da kam ein junger Jäger,
Sim sa la bim, bam ba, sa la du, sa la dim,
da kam ein junger Jägersmann.

Der schoß den armen Kuckuck,
Sim sa la bim, bam ba, sa la du, sa la dim,
der schoß den armen Kuckuck tot.

Und als ein Jahr vergangen,
Sim sa la bim, bam ba, sa la du, sa la dim,
und als ein Jahr vergangen war:

Da war der Kuckuck wieder,
Sim sa la bim, bam ba, sa la du, sa la dim,
da war der Kuckuck wieder da.

Eine Eskimo-Familie auf Robbenjagd

Atte katte nuwa! Atte katte nuwa!
Strophe langsam singen.

Emi sademi sadula misa de.
Mit den Armen Ruderbewegung machen.

Hexa kola misa woate,
Mit der Hand an der Stirn Ausschau halten.

Hexa kola misa woate.

Atte katte nuwa! Atte katte nuwa!
Nun schnell singen.

Emi sademi sadula misa de.
Schnelle Bewegungen ausführen.

Hexa kola misa woate,
Wieder langsam singen

Hexa kola misa woate.
und weiter Ausschau halten.

Aus Lappland

Drei Chinesen mit dem Kontrabass
saßen auf der Straße
und erzählten sich was.
Da kam die Polizei sprach:
Was ist denn das?
Drei Chinesen mit einem Kontrabass!
In der nächsten Strophe alle Vokale durch »u«
ersetzen, dann a, i, o, e …

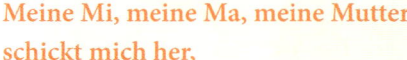

Meine Mi, meine Ma, meine Mutter
schickt mich her,
ob der Ki, ob der Ka,
ob der Kuchen fertig wär.
Wenn er nie, wenn er na,
wenn er noch nicht fertig wär,
Käm ich mi, käm ich ma,
käm ich morgen wieder her.

Auf der Mauer, auf der Lauer.
sitzt 'ne kleine Wanze.
Auf der Mauer, auf der Lauer,
sitzt 'ne kleine Wanze.
Seht euch mal die Wanze an,
wie die Wanze tanzen kann.
Auf der Mauer, auf der Lauer,
sitzt 'ne kleine Wanze.
Das Lied wiederholen und immer den letzten
Buchstaben des Wortes Wanze weglassen,
bis am Ende das ganze Wort fehlt.

In einem Tickitackitucki-Häuschen,
da wohnt ein kleiner Mann.
Was macht der kleine Mann
in seinem Tickitackitucki-Häuschen?
Er macht ein Tickitackitucki-Tänzchen
mit seiner kleinen Frau,
mit seiner klitzekleinen Frau.

GROßE GEFÜHLE

Wut und Trotz

Wut und Frust, den Kampf mit den Gefühlen kennen auch viele Erwachsene und tun sich oft schwer, damit umzugehen. Zweijährige Kinder sind meist charmant und liebenswürdig. Sie lachen gern und plappern vor sich hin, doch diese gute Laune kann plötzlich umschlagen. Das Kind wirft sich auf den Boden, schreit wie am Spieß und ist außer sich. Es will oft mehr, als es kann und ärgert sich maßlos, wenn das nicht klappt. Das »Böckchen« hat es gepackt.

Kinder müssen erst lernen, mit Konfliktsituationen umzugehen. Das Gehirn eines Kleinkindes ist noch unreif und muss sich in der Entwicklung an Regeln anpassen – das macht manchen Kindern Schwierigkeiten. Hinter den wilden Auftritten der Kinder steckt nicht bloße Opposition, sondern ein ganz normaler Entwicklungsschritt. Diese Wutausbrüche richten sich nur scheinbar gegen die Erwachsenen. In erster Linie fühlt sich das Kind hilflos, da ihm die Worte zum Streiten fehlen und es noch nicht weiß, was gut und böse ist.
Je nach Temperament und Sensibilität drücken Kleinkinder ihren Gefühlssturm mit Schreien und Weinen aus. Manchmal kommen auch Schubsen, Beißen, Hauen und

Treten dazu. Mit anderen Kindern versuchen sie sich zu messen. Ganz selbstverständlich wird körperlicher Einsatz demonstriert, wobei die Kleinen ihre eigene Stärke testen wollen. In der Regel sind diese Auseinandersetzungen harmlos und sollten erst dann beendet werden, wenn Verletzungen drohen. Greifen Sie nicht zu früh ein, denn Kinder müssen lernen Konflikte auszuhalten. Erst wenn die Streithähne keine Lösung finden, sollten Sie einen Kompromiss in Form von Abwechseln anbieten. So darf jeder zum Beispiel für fünf Minuten mit dem begehrten Objekt spielen oder es wird entfernt. An Regeln sollten Sie erinnern, es wird zum Beispiel nicht gebissen und geschlagen!

Trotz und Wut sind oft auch gegen sich selbst gerichtet und haben viel mit eigener Willensbildung und Selbständigkeitsbestreben zu tun. Kinder sind oft furchtbar enttäuscht, wenn sie allerorten an Grenzen stoßen. Sie müssen erst noch lernen, ihre Bedürfnisse und Wünsche aufzuschieben. Frustrationstoleranz muss sich noch entwickeln.

Kinder wollen alles erforschen und mögen überhaupt nicht gebremst werden. Sie ignorieren Regeln, weil sie nicht wissen, was das für Folgen hat. Es hilft, Anweisungen kurz und knapp zu wiederholen. Auch Kompromissvorschläge im Vorfeld helfen, einen drohenden Konflikt zu vermeiden.

Versetzen Sie sich in die Situation Ihres Kindes, dann können Sie es besser verstehen. Ablenken und Trösten führen nur im Vorfeld zum Erfolg. Bleiben Sie in Ihren Ansagen konsequent, damit aus dem Trotzanfall kein Machtkampf wird! Wenn Kinder zu kleinen Wutteufeln werden, hilft nur Ruhe bewahren, Stress abbauen und den Sturm vorüberziehen lassen.

Kinder, die sich einbringen können, trotzen weniger

Achtung

Ist der Trotzanfall erst im Gange, hilft nur abwarten. Wüteriche können wie von Sinnen sein. Das Stresshormon Adrenalin wird freigesetzt, was vermindertes Hören zur Folge haben kann. Manche Kinder wollen in dieser Situation nicht angefasst werden.

Bleiben Sie beim Kind, lassen Sie sich nicht in den Affekt ziehen. Vermitteln Sie Verständnis, doch geben Sie nicht nach. Zum Beispiel: »Ich verstehe deine Wut, aber beißen ist nicht erlaubt.«

TIPPS

- Überprüfen Sie Ihre eigene Befindlichkeit, sie spielt eine immens große Rolle, da Ihr Stress sich auf das Kind überträgt.
- Vorankündigungen geben Kindern das Gefühl, ernst genommen zu werden, und die Möglichkeit, Spiel oder Bastelei in Ruhe zu beenden. Kurzzeitwecker oder Trillerpfeife geben ein eindeutiges Signal und sind hilfreicher als Ermahnungen. Zum Beispiel: »Wenn der Wecker klingelt, müssen wir uns anziehen und gehen.«
- Die Situation und Räumlichkeit bei einem Wutanfall nach Möglichkeit wechseln und je nach Alter des Kindes nach Ablenkung suchen.
- Ein Trichter als Flüstertüte oder eine leere Papierrolle ist oft sehr hilfreich: »Achtung, Achtung! Hier spricht die Polizei, machen Sie Platz und räumen Sie auf!«
- Bewegung fördert Zufriedenheit und hilft nicht nur Kindern, sondern auch Erwachsenen.
  Hilfsmittel können sein: Schaukel, Zimmertrampolin, Stampfen, Tanzen nach Musik, Klatschen, Winken.
- Wut und Zorn müssen »Rabatzkerlchen« auch einfach mal rauslassen, durch toben, stampfen und in ein Kissen boxen.

Kreatividee

Wutsack zum kräftigen Boxen

Ein ausrangiertes T-Shirt oder Stoffbeutel mit Styropor oder Zeitungspapierschnipseln füllen und zuknoten. Dann am Gummiband aufhängen und boxen. Vorher noch Umfeld sichern!

Spiele

★ **Nutzen Sie Überraschungsmomente.** Machen Sie plötzlich Quatsch und singen und brummen Sie einfach mal oder brüllen Sie wie ein Löwe.

★ **Wutteufel Rudi Rabatz** oder ein Schmusetier können als Vermittler dienen: »Hast du gehört, was der Teddy gesagt hat? Er hilft uns beim Tischdecken!«

★ **Witzige Ablenkung:** Blasen Sie einen Luftballon auf und lassen ihn fliegen, ohne ihn zuzuknoten. (Die Hülle suchen Sie gemeinsam. Wer findet sie zuerst?)

★ **Ein Trommelspiel,** auf dem Boden oder dem Tisch, gibt der Wut ein Ventil. Auch ein Wasserball ist gut geeignet.

Verse

**Es regnet ganz sacht,
nun schon eine Nacht.**

Dann regnet es mehr, es donnert und blitzt.
Die … (Name des Kindes) schnell flitzt.
In das Haus hinein …
Und hinterher ist wieder Sonnenschein!
Sacht klopfen. Dann stärker trommeln, schneller werden und mit den Händen das Flitzen imitieren. Ein Haus mit den Händen formen und anschließend mit den Armen einen runden Bogen als Sonne.

Alle Indianer tanzen,

mopsfidel und quietschvergnügt,
bis der ganze Zappelhaufen,
rumps-padautz am Boden liegt.
Kind vom Schoß fallen lassen oder gemeinsam auf den Boden fallen. Nun können Sie auch hüpfen, klatschen, stampfen …

Bimmel, Bammel, Bommel,
die Katze schlägt die Trommel,
die Mäuse tanzen Ringelrei,
da wackelt die ganze Erde dabei.
Dieser Vers eignet sich zum Klopfen auf einen
Ball oder Wasserball und macht durch das
Wackeln besonderen Spaß.

Auf der grünen Wiese steht ein Karussell,
manchmal fährt es langsam,
manchmal fährt es schnell.
Einsteigen, festhalten,
dumdideldumdumdum …
Kleinere Kinder nimmt man unter die Arme
und dreht sich im Kreis. Größere tanzen und
drehen sich selbst.

Wenn ich froh bin,
dann klatsch ich in die Hände.
Klatsch, klatsch!
Wenn ich wütend bin,
dann stampf ich mit den Beinen.
Stampf, stampf!
Wenn ich lustig bin,
dann wink ich mit den Armen.
Wenn ich glücklich bin,
dann hops ich in die Luft.
Melodie: Von den blauen Bergen
kommen wir
Viele andere Verse können Sie sich
noch gemeinsam einfallen lassen.

Quengeln

Quengeln, nölen, nörgeln, nerven: Wenn Eltern und kleinere Kinder Interessenskonflikte haben, so ist das eine der erfolgreichsten Methoden, die Kinder anwenden, um Aufmerksamkeit zu bekommen. Sind Sie in ein intensives Gespräch mit Ihren Freunden vertieft, vor allem am Telefon, fühlen sich unsere Kleinen unbeachtet und allein. Das Kind fühlt, dass es nebensächlich ist. Natürlich genießen Kinder gerne die volle Aufmerksamkeit. Wenn dann noch Langeweile dazukommt, überwiegt die Spielunlust und das Kind fängt an zu nörgeln. Mit aller Macht wird versucht, die Aufmerksamkeit wieder auf sich zu ziehen, meist durch Quengeln und Dazwischenreden. Unterwegs, beim Einkauf oder Spazierengehen, wenn die Erwachsenen eine Freundin treffen oder im Schaufenster etwas betrachten möchten und stark abgelenkt sind, erquengelt sich das Kind die Aufmerksamkeit zum Ärgernis der Eltern.

TIPP

Überdenken Sie, ob Ihr Kind vielleicht hungrig oder müde ist und deshalb zur schlechten Laune neigt.

Quengeln ist fast immer das Mittel der Wahl, wenn ein Kind sich noch nicht ausdrücken kann, sich unbeachtet fühlt und Langeweile empfindet. Sicherlich sollen Kinder lernen, sich allein zu beschäftigen und auch mal warten können. Sie benötigen jedoch unsere Unterstützung dabei, da sie noch kein Zeitempfinden haben. Bewährt hat sich auch hier der Kurzzeitwecker mit dem Hinweis: »Wenn er klingelt, bist du dran.« Je jünger das Kind, desto kürzer sollte das Zeitintervall sein und natürlich müssen Sie Ihr Versprechen auch einlösen (»Wenn ich meinen Kaffee ausgetrunken habe, spielen wir!«). Wenn Sie dem Kind für eine kurze Spielzeit Ihre gesamte Aufmerksamkeit zukommen lassen und neuen Spielschwung geben, wird es sich danach auch wieder alleine beschäftigen. Ein Kind braucht Beachtung.

SPIELE

* **Machen Sie ein Tanzspiel,** das Kind steht auf Ihren Füßen. Nun laufen und tanzen Sie gemeinsam umher.
* **Schlechte Laune und Langeweile** lassen sich wegpusten, z. B. kräftig über die Handfläche pusten oder durch die Haare.
* **Kniereiter** sind immer wieder lustig und verscheuchen schlechte Stimmung.

So reiten die Damen, so reiten die Damen.

So reiten die Herren, so reiten die Herren.
So zuckelt der Bauer über das Feld.
Kind schaukelt sanft auf den Knien des Erwachsenen von einer Seite zur anderen, dann auf und ab reiten und zum Schluss Hoppel-Bewegungen machen.

Schotter fahren, Schotter fahren,
Kind sitzt mit Blick zum Erwachsenen auf den Knien.

auf dem alten Schotterwagen.
Mit geschlossenen Knien sanfte Auf- und Abwärtsbewegungen.

Über kleine, spitze Steine,
Abwechselnd die Knie schnell bewegen.

dann die großen, die so stoßen.
Knie langsam abwechselnd bewegen, Kind zur Seite beugen.

Und zum Schluss wird – abgeladen.
Kind auf die Beine fallen lassen – plumps!

Kasperle-Theater

Guten Tag, meine Damen und Herren!
Rechter Zeigefinger verbeugt sich.

Habt ihr denn alle den Kasper gern?

Dann hol ich mir den Seppel gleich,
Linker Zeigefinger kommt dazu.

wir machen einen schönen Streich.
Wir schlagen uns, wir vertragen uns.
Finger balgen miteinander, dann aneinander reiben.

Da kommt die Hexe Höckerbein:
Linker Zeigefinger kommt gebeugt.

Kasper, du sollst verzaubert sein!
Nein, nein, Hexe, da wird nichts draus.
Rechter Zeigefinger wackelt.

Marsch mit dir in dein Hexenhaus.
Vertreibt den linken Finger hinter den Rücken.

Jetzt kommt das große Krokodil,
Linke Hand macht ein Krokodilmaul.

das frisst so viel.
Hand auf und zu.

Das hat sich ganz leis hingeduckt
Geschlossene Hand auf den Boden legen.

und hat den Kasper halb verschluckt.
Hand schnappt rechten Finger.

Der ruckt und zuckt
Finger wackelt, will aus der Hand.

Und ei der Daus, da ist der Kasper
wieder raus.
Rechter Finger wieder frei.

Jetzt geht's dir schlecht, du Krokodil.
Vertreibt linke Hand hinter den Rücken.

Marsch, zurück mit dir zum Nil.

Nun hol ich mir das Gretelein.
Rechter Finger tanzt.

Gretel, wir wollen lustig sein!
Linker Finger kommt hinzu.

Tri-tra-trulala. Tri-tra-trulala.
Beide tanzen.

Der Kasper, der ist wieder da!

Eifersucht

Ein Kind ist meistens auf ein anderes Kind, Geschwister, Freund, Freundin, manchmal auch auf ein Elternteil eifersüchtig, wenn es sich ungerecht behandelt fühlt oder Furcht vor Liebesverlust hat. Es fühlt sich unsicher, gekränkt und vernachlässigt.

Sie müssen daran denken, dass ein Kleinkind noch ein sehr unreifes Gehirn hat. Es fühlt sich als Mittelpunkt der Welt. Teilen, abwarten, sich in einen anderen hineinversetzen muss es noch lernen. Es kennt noch keine Spielregeln. Diese müssen Sie ihm geduldig vorleben und mit Hilfe von Spielen erklären.

Vor allem Eifersucht auf ein neues Baby ist oft zu befürchten, wenn sich das Erstgeborene gerade in einer empfindlichen Phase (evtl. in der »Trotzphase«) befindet. Versuchen Sie sich in das Kind einzufühlen. Es muss sich nach der »Entthronung« erst an die neue Situation gewöhnen. In diesem Fall gibt es einige Ideen, die das Zusammenleben erleichtern. Ein schon lange gewünschtes Geschenk vom Baby für das Erstgeborene hilft die Begrüßungsstimmung positiv zu halten.

Betonen Sie, wie sehr Sie sich freuen, schon so ein großes Kind zu haben, und beziehen Sie es mit ein, da wo es schon mithelfen

kann. Zeigen Sie, wie stolz Sie auf den Helfer sind. Er kann schon beim Wickeln die verschiedensten Hilfestellungen geben und er kann wundervoll singen oder dem Geschwisterchen ein Bilderbuch »vorlesen«. Groß sein hat auch Vorteile. Das Große muss nicht so viel schlafen wie das Baby. Es kann schon Eis essen und andere Leckereien. Wenn möglich können der Papa oder die Großeltern mit Unternehmungen locken, die das Baby noch nicht mitmachen kann, weil es zu klein ist. Besucher, die das Baby bewundern wollen, sollten erst dem Großen vorgestellt werden.

Eifersucht auf das neue Baby hat auch oft etwas mit dem Altersabstand zu tun. Kleinkinder fallen oft in das Babyverhalten zurück. Besteht Ihr Kind auf Gleichbehandlung, zum Beispiel fordert es nun auch einen Schnuller, so nehmen Sie dies gelassen – es ist nur eine Probephase, die bald langweilig wird. Eifersucht heißt eigentlich: »Hab mich lieb«. Nehmen Sie das Gefühl ernst und gehen Sie sensibel und behutsam damit um. Schenken Sie dem Kind Zuwendung und besondere Zeit, vor allem als Mutter benötigen Sie Momente, die Sie mit Ihrem großen Kind allein verbringen, etwa wenn das Kleine schläft oder wenn beide Eltern Zeit für die Kinder haben.

Das Kind braucht jetzt einen ruhigen und friedlichen Erwachsenen, der wie ein Fels in der Brandung steht.

TIPPS

- Üben Sie Abgeben durch Teilen von Lieblingsspeisen wie Schokolade, Äpfel, Birnen. Die Eltern teilen die Speise in zwei Hälften, das Kind sucht sich eine aus.
- Auch Tauschen kann Spaß machen. Erwachsene und Kinder machen ein Spiel daraus, indem sie das eigene Essen dem anderen anbieten.

Kompromisse sind besser als Machtkämpfe

Kreatividee

Der kleine Apfel

In einem großen Garten steht ein alter Apfelbaum. An seinen Zweigen hängen dicke, rote Äpfel. Nur einer war noch unreif, grün und sehr klein. Der kleine Apfel war deshalb traurig und weinte leise vor sich hin. »*Ach, wenn ich doch auch so schön rot und dick wie meine Geschwister wäre!*« Dicke Tränen kullerten ihm über seine kleinen Apfelbäckchen. Das hörte die Sonne und versprach, ihm zu helfen. Sie schien so heiß sie nur konnte. Der kleine Apfel bekam sogar etwas Farbe, doch er wurde einfach nicht dicker. Wieder jammerte er. »*Ach, wär ich doch auch so dick wie die anderen!*« Das hörte eine große, graue Wolke und auch sie versprach zu helfen. Sie schob sich vor die Sonne und schickte viele Regentropfen, denn der Apfelbaum war sehr durstig. Es regnete immer mehr und der Apfel wuchs und wuchs. »*Genug*«, rief er der Wolke zu. Das hörte der Wind und pustete und pustete so kräftig, dass die große Wolke weiterzog. Der kleine Apfel freute sich sehr und tanzte und schaukelte zusammen mit den anderen Äpfeln hin und her, auf und nieder. »*Hu hu hu*«, so pfiff und heulte der Wind durch die Äste und, holter-di-polter, fielen die dicken, roten Äpfel – einer nach dem anderen – bis auf einen ins Gras. Da kamen Kinder in den Garten und riefen: »*Seht einmal, da hängt ja ein wunderschöner Apfel ganz allein am Baum!*« Vor Freude sprang der kleine Apfel, der nun schöner als alle anderen war, den Kindern in den Schoß, die sich den Apfel teilten.

Nach der Geschichte können die Kinder Äpfel mit Wachsmalstiften, Fingerfarbe oder Tusche auf Papier oder Pappe malen. Größeren Kindern macht das Kleben mit Kleister auf Apfelschablonen Spaß. Dazu eignen sich Papierschnipsel, Apfelkerne und anderes.

39

Wattewolke

★ Mit Klebestift eine Wolke auf Papier malen und zerrupfte Watte abwechselnd auf das Blatt fallen lassen. Festdrücken, Bild hochheben, lockere Watte abpusten.

Belohnungsblume

★ Einen Kreis ausschneiden und Blütenblätter in verschiedenen Farben. Auf jedes Blütenblatt kann ein Ziel notiert werden (z. B. allein gespielt, aufgeräumt, allein Zähne geputzt, mit Geschwister gespielt). Wird eine Aufgabe erfüllt, wird ein neues Blütenblatt mit viel Lob an die Blume geklebt.

Gemeinschaftsbild

★ Bild aus einer Illustrierten zerreißen und abwechselnd auf eine Schablone (Herz, Stern, Sonne) kleben.

SPIELE

★ Brezel-Box: Kinder bekommen eine Box gefüllt mit kleinen Salzbrezeln oder Rosinen und dürfen diese an alle verteilen.

★ Bitte – Danke: Spielzeuge übertrieben freundlich geben, »Bitte schön!«, und zurückfordern, »Danke schön!«.

★ Goldregen: Lesen Sie gemeinsam das Märchen vom »Sterntaler«, basteln sie Sterne aus Goldfolie und verteilen diese.

VERSE

Teilen, teilen, das macht Spaß,
denn wenn man teilt, hat jeder was.

Taler, Taler, du musst wandern,
Kind hält beide Hände geschlossen.

von der einen Hand zur andern,
Erwachsener oder anderes Kind hält Ring

oh, wie schön, oh wie schön,
oder Geldstück in beiden Händen

Taler, lass dich nur nicht sehn.
und lässt es unauffällig in die Kinderhände gleiten.

Ängste

Angst hat eine sinnvolle Funktion und sollte ernst genommen werden. Sie warnt vor Gefahren und aktiviert den Menschen, etwas dagegen zu tun. Das Kind benötigt Hilfe, um den Umgang mit Angst zu lernen. Gemeinsam sollten Sie versuchen, die Ängste zu entschärfen. Kleinere Kinder benötigen viel Körperkontakt, Schmusen, Wiegen, Summen, Singen, um wieder ruhig zu werden.

Einem älteren Kind können Sie vermitteln, wie Sie gemeinsam mit der Angst fertig werden können und nach einer Lösungsidee fragen. Versuchen Sie, in allem Verhalten gelassen zu bleiben, und übertreiben Sie die Fürsorge nicht. Die Angst auslösende Situation sollte auf keinen Fall vermieden werden. Mit dem Rückhalt und der Unterstützung der Eltern soll das Kind sie durchstehen und lernen, dass sie zu bewältigen ist.

Ängste vor Monstern und Nachtgespenstern kann man mit Spielen gegen die Angst am Tage etwas entschärfen. Manchmal, vor allem nachts, ist es sinnvoll, Licht anzumachen, um zu zeigen, dass alles seine Ordnung hat.

Achtung

Der Fernseher sollte nicht als Babysitter fungieren, vor allem Nachrichten überfordern die Kleinen total.

TIPPS

- Kuckuck-da-Spiel mit einem Tuch, das für einen Augenblick über das Gesicht gelegt wird, beim Kind und beim Erwachsenen. So lernt ein Kind, dass Verschwundenes wiederkommt und Spannung auszuhalten ist.
- Versteckspiele in abgedunkelten Räumen oder Taschenlampenwanderungen helfen, ein Kind an dunkle Wohnungen zu gewöhnen.
- Nachtgespenster unter dem Bett mit der Taschenlampe suchen, um sie dann gemeinsam aus dem Zimmer zu werfen.
- Mit einer leeren Blumenspritze können die Geister mit Zauberduft angesprüht und verscheucht werden.

Kreativideen

Traumfänger gegen böse Träume

✦ Zwei ca. 2 cm breite Ringe aus farbigem
  Karton ausschneiden. Ein Netz von
  Apfelsinen oder Zitronen auf einen der
  Ringe kleben, überstehenden Rest
  abschneiden. Die Ringe mit Sternauf-
  klebern und bunten Federn schmücken.

Guter Geist aus Frotteelappen oder
Taschentuch

✦ Eine Plastikhülle (aus einem Überra-
  schungsei) wird mit Reis gefüllt und
  als Kopf in die Mitte des Taschentuchs
  gelegt. Mit einem Geschenkband
  abbinden, nicht zu fest, damit ein
  Finger hineinpasst. Evtl. mit Haaren
  aus Wolle verzieren.

Tütengeist

✦ Aus einer Butterbrottüte aus Papier
  wird im Handumdrehen ein kleiner
  Gespensterfreund. Beim Bemalen mit
  Filzstiften und dem Aufkleben von
  Wollhaaren können schon kleine
  Angsthasen mithelfen.

43

**102 Gespensterchen saßen irgendwo
hinter meinem Fensterchen.**
Da erschrak ich so.

102 Gespensterchen
haben mich erschreckt.
Ganz weit weg vom Fensterchen
hab ich mich versteckt.

102 Gespensterchen
waren auf einmal fort.
Schlich ich mich zum Fensterchen,
waren nicht mehr dort.

102 Gespensterchen, ach wie famos,
waren an dem Fensterchen
Regentropfen bloß!
Melodie: Zehn kleine Negerlein

Verse

Meine Augen sind verschwunden,
ich habe keine Augen mehr.
Hei, da sind die Augen wieder.
Trala-la-la-la-juhee!
Mit den Händen Augen zuhalten und fragen
»Wo sind die Augen?« Hände wegnehmen.
Freudig ausrufen: »Da sind sie wieder!«
Danach Nase, Mund, Ohren verstecken.

Zehn kleine Krabbelfinger

krabbeln hin und her,
zehn kleinen Krabbelfingern
fällt das gar nicht schwer.

Zehn kleine Krabbelfinger
tanzen auf und nieder,
zehn kleine Krabbelfinger
tun das immer wieder.

Zehn kleine Krabbelfinger
haben sich erschreckt,
zehn kleine Krabbelfinger
sind auf einmal weg.

Zehn kleine Krabbelfinger
rufen laut »hurra«,
zehn kleine Krabbelfinger
sind nun wieder da.

Fünf kleine Gespenster

saßen an meinem Fenster.
Das Erste lachte: »Hahaha!«
Das Zweite grollte: »Hehehe!«
Das Dritte kicherte: »Hihihi!«
Das Vierte johlte: »Hohoho!«
Das Fünfte flog zu mir herein
und flüsterte:
»Wollen wir Freunde sein?«

SPIELE

Lustige Monsterbilder

✦ Die Monster oder die Inhalte der
schlechten Träume als Bild malen.
Nun lustige Elemente dazu malen, z. B.
Hut, Brille, Warze, und sich gemeinsam
darüber lustig machen. Das Bild kann
auch weggesperrt oder ganz klein
zerrissen werden.

Geister fürchten sich

✦ Erzählen Sie fantasievolle Geschichten
über die Ängste von Monstern und
Geistern, die sich vor Zaubersprüchen
fürchten, und entwickeln Sie diese mit
dem Kind.

Zauberbann

✦ Sprechen Sie einen Bann und zaubern
Sie eine Schutzhülle um das Kind
herum. Die Hülle mit den Händen
formen und von außen pantomimisch
abtasten.

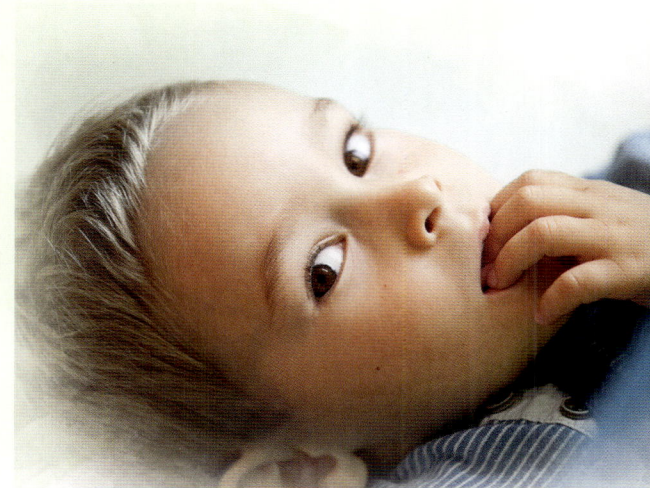

Abschied

Auch Abschiedssituationen sind für manche Kinder schwer zu bewältigen:
Bei der Trennung im Kindergarten oder wenn der Babysitter kommt, sind gemeinsam entwickelte Rituale wichtig, denn sie können die Situation erleichtern. Verabschieden Sie sich vom Kind. Winken nicht vergessen! Der Betreuer sollte nun für Ablenkung sorgen.

TIPP

- Die Eigenständigkeit des Kindes unterstützen Sie, indem Sie dem Angsthasen versichern, dass es zusammen mit seinem Kuscheltier als Beschützer den Abschied schaffen wird.
- Lassen Sie ein Halstuch oder eine Murmel aus Ihrer Tasche beim Kind, auf die es in Ihrer Abwesenheit achten soll. So bleibt es mit Ihnen verbunden.
- Abschiedsküsse: Kind gibt Ihnen sechs Küsse, z. B. auf Nase, jedes Auge, Stirn, Ohren, und Sie küssen in dieser Reihenfolge zurück.

ARZTbeSUCHe

Ängste vor dem Arztbesuch oder bevorstehenden Krankenhausaufenthalten können abgebaut werden, wenn die Situationen im Rollenspiel durchlebt werden.

Der Umgang mit der Angst kann so geübt werden. Dabei muss auf Fragen ehrlich geantwortet werden, denn der kleine Pieks beim Impfen tut nun einmal etwas weh. Sagen Sie sachlich: »Es wird etwas unangenehm, aber es geht schnell vorbei!« und betonen Sie, wie stolz Ihr Kleines sein wird, wenn es alles überstanden hat.

Während der Behandlung nehmen Sie Ihr Kind auf den Schoss oder halten seine Hand, denn die körperliche Nähe wirkt beruhigend und vermittelt Sicherheit. Gerne darf dann auch eine Belohnung für »Tapferkeit beim Arztbesuch« versprochen werden, die das Kind aber auch bekommt, wenn es nicht ganz glatt abläuft. Drücken Sie Ihr Kind ganz fest und sagen Sie ihm, dass Sie stolz sind.

TIPP

Das Kind darf der Doktor sein und seinen Patienten untersuchen. Lassen auch Sie sich durchchecken. Als Arztkittel dient ein weißes Hemd, alte Mullwindel für Verbände, Holzstäbe als Fieberthermometer. Hilfreich ist ein Arztkoffer aus dem Spielzeugladen.

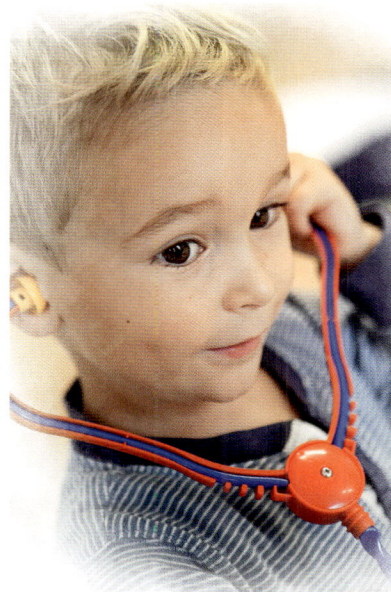

VERSE

Ach, lieber Doktor Puppenmann,
sieh dir doch mein Kindchen an!
Drei Tage hat es nichts gegessen,
hat immer so stumm dagesessen.
Die Arme hängen ihm wie tot,
es will nicht einmal Zuckerbrot.
Ach, lieber Doktor, sag mir ehrlich,
ist diese Krankheit sehr gefährlich?

Frau Krause, werden Sie nicht bang!
(Name des Kindes einsetzen)
Der Puls geht ruhig, Gott sei Dank.
Doch darf sie nicht im Zimmer sitzen,
sie muss zu Bett und schwitzen.
Drei Kiebitzeier **(Löffel Saft)** gebt ihr ein,
dann wird es morgen besser sein!
Ich empfehle mich, ich muss jetzt gehen!
Ich dank auch schön, auf Wiedersehen!
Paula Dehmel

Ich bin der Doktor Eisenbart,
willewillewitt, bumbum.
Kurier die Leut nach meiner Art,
willewillewitt, bumbum.
Kann machen, dass die Blinden gehen
und dass die Lahmen wieder sehn.
Gloria Victoria, willewillewitt,
juchheirassa, Gloria Victoria,
willewillewitt, bumbum.

Kleine Unfälle und Unwohlsein

Kleine Entdecker stoßen beim Erforschen ihrer Welt häufig an ihre Grenzen. Kleine Unfälle wie Stürze und Stoßen an Ecken und Kanten lassen sich nicht vermeiden. Trösten hilft, wenn es nicht zu theatralisch ausfällt. Das Kind muss ernst genommen und mit nicht zu viel Besorgnis getröstet werden. Ein Trostvers, Pusten oder kühles Wasser reichen da schon oft aus. Erstauntes Wahrnehmen und auch Kommentieren wie »Hoppla, was war das?« helfen dem Kind besser als übertriebene Fürsorge. Auch größere Kinder und ältere Geschwister können das oft sehr gut. Vermeiden Sie trotzdem »Nicht so schlimm« zu sagen, denn das kann nur vom Kind beurteilt werden. Sagen Sie besser: »Es ist gleich wieder gut.«

Natürlich gibt es in den ersten Lebensjahren auch Krankheiten und Schmerzen zu überstehen, angefangen bei Blähungen, Zahnungsbeschwerden bis hin zu Ohrenschmerzen. Ist das Kind appetitlos, trinkt kaum und hat Fieber, dann liegt ein Infekt vor. Fieber messen bringt Gewissheit und entscheidet darüber, ob ein Kindergartenbesuch möglich oder ein Arztbesuch nötig ist.

Manchmal jedoch ist die innere Gefühlswelt durcheinander und kann noch nicht in Worte gefasst werden. Auch dann äußern Kinder oft Krankheitssymptome, wie zum Beispiel Bauchschmerzen. Bisweilen ist ein Kind betrübt über einen Streit im Kindergarten oder Probleme mit einem Freund. Diese schlechte Stimmung kann zu

Mattigkeit und Unwohlsein führen und ist kaum von einem echten Infekt zu unterscheiden.

Egal ob »gefühlt krank« oder »echt krank«, Ihr Kind braucht Zuwendung, Verständnis und extra Streicheleinheiten. Sie sollten mit Ihrem Kind mitfühlen, aber nicht zu sehr mitleiden. »Das schaffen wir gemeinsam!« ist die Devise.

Streicheln, pusten, wegzaubern, verbunden mit einem Lied oder Vers wirken oft Wunder, ebenso ein Pflaster, ein kleiner Verband am Finger oder an der Puppe. Ablenkung kann auch hier wieder einmal das Zauberwort sein.

ACHTUNG

Ist ein Kind krank, sind Entwicklungsrückschritte möglich, wie Einnässen oder das Schlafen im Elternbett. Machen Sie sich keine Sorge, wenn das Kind wieder gesund ist, werden die festen Regeln wieder eingehalten.

TIPPS

- Sachlich fragen: »Wo tut es weh?« oder »Kannst du den Finger bewegen?«
- Nutzen Sie den Placebo-Effekt aus: Reichen Sie ein Kühlpad oder kleben Sie ein Pflaster auch auf eine Minibeule.
- Ein Stofftier oder Rudi Rabatz kann wie ein Doktor eine Untersuchung durchführen, die Medizin verabreichen und trösten.
- Seifenblasen, wenn sie nicht zu oft benutzt werden, helfen, den Schmerz zu vergessen und wegzupusten.

SPIELE

Ablekung

* Die Finger oder Wutzteufel Rudi Rabatz wischen dem Kind die Tränen weg und unterhalten sich dabei. (»Warum ist es hier so nass? Oh, da ist jemand krank. Wie geht es dir denn? Soll ich pusten?«)

Chiffontücher

* Spiele mit Chiffontüchern sind am Krankenbett gut möglich: Das geknüllte Tuch in beide Hände nehmen und zusammenhalten. Zuerst fragen: »Was habe ich wohl hier? Willst du mal riechen?« Dann Hände langsam öffnen und das Tuch hervorquellen lassen. Mit dem Tuch Wind zufächeln oder sanft streicheln.

Gesundzaubern

* Ein Kochlöffel wird zum Zauberstab und mildert Bauchschmerzen und Unwohlsein.

VERSE

Wo tut es weh?
Hol ein bisschen Schnee / Tee.
Hol ein wenig Pustewind,
dann vergeht es ganz geschwind! (Pusten)

Komm her, mein kleines Häschen,
zeig mir dein Wehwehchen,
lass uns machen kühlen Wind,
dann verschwindet es geschwind. (Pusten)

Häschen in der Grube
saß und schlief, saß und schlief.
Armes Häschen bist du krank,
dass du nicht mehr hüpfen kannst?
Häschen hüpf,
Häschen hüpf.

Hörst du die Regenwürmer husten
(ahem, ahem),
wenn sie durchs dunkle Erdreich ziehen?
Wie sie sich winden, und dann
verschwinden,
auf Nimmer-Nimmer-Wiedersehen.
Und wenn sie fort sind,
dann bleibt ein Loch.
Und wenn sie wiederkommen
ist's da immer noch …

Eine Schnecke, eine Schnecke
krabbelt rauf, krabbelt rauf.
Krabbelt wieder runter,
krabbelt wieder runter,
kitzelt auf dem Bauch.
Andere Körperteile einsetzen. Streicheln!
Watte, Federn helfen besonders gut.

Kreativideen
Trostfiguren
★ Basteln Sie einen Vogel aus Papier oder
  einen Hasen, den Sie aus einem Tuch
  knoten. Die Figuren können Trostverse
  sprechen und bei Kummer helfen.

Autschkäfer
★ Einem Waschhandschuh die oberen
  Ecken nach innen ziehen und mit
  wenigen Stichen festnähen. Mit Hilfe
  von Füllwatte und Band einen kleinen
  Kopf abbinden. Fühler aus schwarzer
  Wolle geflochten und zwei fertige
  Augen (Bastelgeschäft) am Kopf
  befestigen. Flügel aus Filz ausschneiden,
  mit schwarzen Punkten bekleben und
  hinten am Kopf festnähen. Kleines
  Kühlpad in den Handschuh hinein-
  legen. Ein Band wird durch zwei kleine
  Öffnungen im Saum gezogen und so
  das Kühlpad gesichert.

Jeden Tag erneut

Essen - Lust oder Frust?

Das Füttern und Essen mit den Kleinsten muss kein Hexenwerk sein. Essen soll Spaß machen und wenn möglich im Familienkreis stattfinden. Die Familie sollte möglichst einmal am Tag gemeinsam am Tisch sitzen, denn in Gesellschaft isst jeder mit mehr Freude. Eine ausgeglichene Stimmung ist appetitanregend und weckt die Neugier der Kinder auf neue Speisen.

Rituale und Tischsitten schaffen Geborgenheit und die gewohnten Abläufe sorgen für einkehrende Ruhe. Ein lustiger Spruch oder ein Tischgebet sind ein gutes Startzeichen für ein gemeinsames Mahl.

Strenge Tischsitten und pädagogische Anweisungen können dabei leicht auf den Magen schlagen. Am besten lernen die Kleinen ohne viel Aufhebens von den Großen, weil sie genauso sein wollen. Unsere Vorbildfunktion ist entscheidend. Überdenken Sie dabei, ob Sie am Tisch rauchen oder Alkohol trinken sollten.

Achtung

Sturzgefahr vom Hochstuhl. Kinder im Auge behalten, ein Zappelphilipp wird besser angeschnallt!

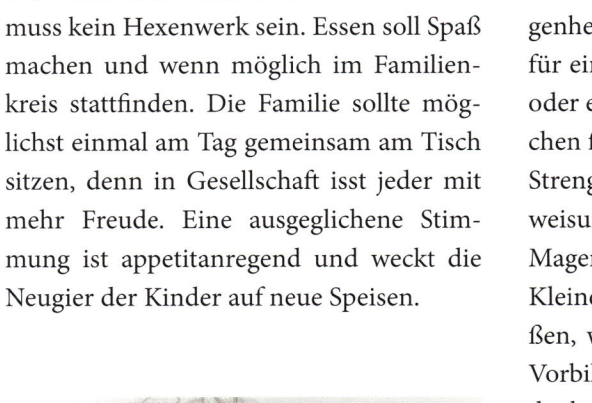

Die kleinen Genießer essen noch mit den Händen und sehr spielerisch und verfeinern nebenbei die Hand-Mund-Koordination sowie die Fingergeschicklichkeit. Alles ist Spiel, wobei jedes Kind ganz viel dabei lernt, auch wenn es mit Händen isst.

Zum Trinken eignet sich am besten Wasser oder ungesüßter Tee, am leichtesten aus einem unzerbrechlichen Becher. Die Trinkbewegung muss das Kind üben. Füllen Sie anfangs nur wenig in das Gefäß – so ein Becher ist schnell umgefallen.

Viele Eltern machen sich zu schnell Sorgen, wenn ein Kind mal nicht essen mag, aber ein gesundes Kind verhungert nicht. Wenn Sie den Eindruck haben, das Kind will nicht essen, so zwingen Sie es auf keinen Fall. Die meisten Kinder haben unterschiedlichen Appetit und empfinden, wenn sie gedrängt werden, eher Frust. So kann die Mahlzeit schnell zu einem »Machtspiel« werden.

Manchmal helfen Puppe oder Kuscheltier, die das Kind animieren, wenigstens ein wenig zu probieren. Laufen Sie nie Ihrem Kind mit dem Löffel hinterher.

Wenn es nicht mehr essen will, sollte die Mahlzeit beendet werden.

Bei einem Wachstumsschub essen Kinder dann ganz plötzlich größere Mengen, denn der Körper braucht nun mehr Energie. Oft ändern sich Vorlieben auch und plötzlich wird auch lang Verschmähtes gegessen. Erlauben Sie Ihrem Kind einfach nach seinen eigenen Bedürfnissen zu essen.

Checkliste

Tischregeln sind in jeder Familie anders, könnten aber folgendermaßen aussehen:

* Hungrige Kinder sind gereizt, bitte rechtzeitig Essen anbieten.
* Kein Naschen vor den Hauptmalzeiten.
* Gemeinsam kochen, zubereiten, Tisch decken.
* Sparsam würzen, die Nieren sind noch sehr empfindlich und frühestens mit einem Jahr ausgereift.
* Spielen und anfassen von Essen erlauben, denn wer früh manscht, lernt schneller selbst zu essen und übt nebenbei seine Fingergeschicklichkeit.
* Wenn das Kind nicht mehr essen will und deshalb mit dem Essen spielt, abräumen und erst zur nächsten Hauptmahlzeit etwas anbieten.

Tipps

* Legen Sie unter den Hochstuhl Zeitungspapier oder eine abwaschbare Decke.
* Sobald der kleine Wicht satt ist, darf er aufstehen, sonst werden Besteck und Geschirr schnell zu Spielzeug und landen an der Wand oder auf dem Boden.
* Plastikbestecke sind leicht zu handhaben und manchmal ist es gut, davon mindestens zwei zu haben. Das Kind will bald »alleine« essen und nebenbei kann mit dem anderen Besteck geholfen werden.

SPIELE

* **Farben bestimmen** beim Essen:
  »Welche Farbe hat denn die Tomate?«
* **Rosinen im Brei** verstecken. Wer sie
  findet, ist ein Glückskind!
* **Wildes Wikinger-Essen:** Dabei essen
  alle mit den Fingern, auch die Erwachsenen.

Witzige Namen für Speisen

* Es gibt einen Räuberteller oder ein
  Feen-Mahl. Die Spaghetti werden zu
  Zauberschlangen, der Reis zu kleinen
  Wurmeiern und das Schnitzel zum
  Drachenfilet. Zum Trinken gibt es
  Wieselflink-Wasser.

Bei Kerzenschein

* Ein festliches Candle-Light-Dinner
  kann die Tischsituation sehr bereichern.
  Wichtiges Schlussritual ist das Auspus-
  ten der Kerzen.

Zauberapfel

* Schnell geschnitten macht er einen
  großen Eindruck, sogar bei Obst-
  muffeln.

Kreatividee

* **Schummeln erlaubt,** vor allem bei
  Gemüsemuffeln: Pürieren Sie Tomaten
  zu selbst gemachtem Ketchup und
  mischen Sie anderes unbeliebtes
  Gemüse püriert dem Essen unter. Auch
  leckere Pasten lassen sich als Brotauf-
  strich kreieren (z. B. Karotten mit etwas
  Olivenöl und Nüssen).
* **Das Auge isst mit:** Verzieren Sie Brote
  mit Gemüse-Gesichtern oder malen Sie
  auf die Nudeln mit Soße ein Herz.

Verse

Jakob hat kein Brot im Haus,
Jakob macht sich gar nichts draus.
Einmal hin, einmal her,
Jakob ist ein Zottelbär.
*Kleinere Kinder werden sanft gewiegt, größere
Kinder dürfen vor oder nach dem Essen mit
Mama oder Papa hin und her hüpfen.*

Piep, piep, piep, wir haben uns alle lieb,
guten Appetit.
Jeder isst so gut er kann,
nur nicht seinen Nebenmann.
Piep, piep, piep, guten Appetit.
*Alle fassen sich an den Händen und
sagen den Reim auf.*

**Morgens früh um sechs
kommt die kleine Hex.**
Morgens früh um sieben
schabt sie gelbe Rüben.
Morgens früh um acht
wird Kaffee gemacht.
Morgens früh um neun
geht sie in die Scheun.
Morgens früh um zehn
holt sie Holz und Spän.
Feuert an um elf,
kocht dann bis um zwölf.
Fröschebein und Krebs und Fisch,
hurtig Kinder, kommt zu Tisch.

Puste! Puste! Puste Wind!
Die Suppe wird jetzt kalt geschwind!

Nach dem Spielen, vor dem Essen,
Händewaschen nicht vergessen.

Backe, backe Kuchen,
der Bäcker hat gerufen.
Wer will guten Kuchen backen,
der muss haben sieben Sachen.
Eier und Schmalz,
Zucker und Salz,
Milch und Mehl,
Safran macht den Kuchen gel.
Schieb, schieb in den Ofen rein,
bald wird der Kuchen fertig sein.
Mmmmm, lecker!
**In die Hände klatschen, Zutaten an den Fingern
aufzählen, zum Schluss Bauch streicheln.**

Alle meine Kinder essen sich heut satt,
essen sich heut satt.
Werden dann sehr munter,
sind nicht gar so matt.
Melodie: Alle meine Entchen

Lirum, larum, Löffelstiel,
der Wim **(Name des Kindes)** heut
gar nicht essen will.
Da kommt der kleine Bär
und futtert alles leer.
**Besonders lustig ist es, in der Familie
weitere Sprüche zu entwickeln.**

Wickeln und Anziehen

Bei der täglichen Körperpflege zählt die gute Vorbereitung. Auf dem Wickeltisch sollten alle Anziehsachen, die Windel und Hilfsmittel bereit liegen. Erst dann holen Sie Ihr Kind dazu.

Beim Umziehen und Wickeln sollten Sie mit dem Kind sprechen und Handlungen mit Worten begleiten (»Jetzt ziehen wir mal den Strumpf aus«), damit das Kind die Abläufe verstehen lernt und die Aufmerksamkeit der Eltern spürt. Die Zeit sollte genutzt werden, damit die Kleinen sich möglichst ausgiebig ohne Kleidung und Windel bewegen können. Gut geeignet sind dabei Lieder oder Verse, bei denen Sie schmusen und kitzeln können. Dabei sind Wiederholungen und Bekanntes beliebt, denn Rituale geben Sicherheit und verdeutlichen die Abläufe.

Gerne haben die Kinder selbst etwas in den Händen, das sie betrachten und mit dem sie spielen können, zum Beispiel eine Rassel, eine Cremedose oder ein Quietschetier. Oder sie reichen uns die Feuchttücher beim Wickeln zu.

Achtung

Auf dem Wickeltisch, nackt und ohne Windel, sind schon die Kleinsten sehr beweglich und können sich schnell drehen. Hier gehört eine Hand immer ans Kind.

TIPPS

- Reiben Sie Ihre Hände warm, bevor Sie Ihr Kind anfassen.
- Quirlige und lebhafte Kinder wickeln Sie lieber auf einer Decke am Boden.

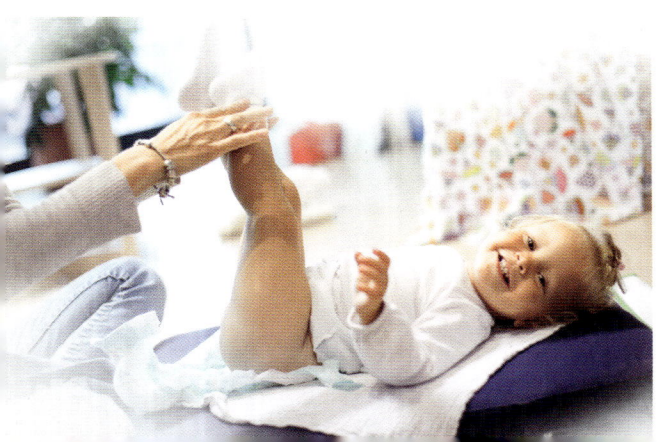

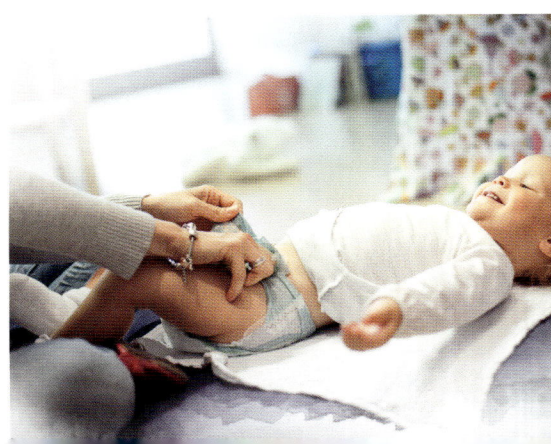

SPIELE

Anzieh-Quatsch

★ Machen Sie Quatsch, indem Sie die Socken über die Hände anziehen, die Strumpfhose auf den Kopf setzen und herzhaft »Ach Quatsch« sagen.

Der »Wickelwind«

★ Über den Wickeltisch saust er und pustet über Bauch und Bein. Sie können auch mit einer Stoffwindel über den Körper wehen.

Rascheltüte & Co

★ Geben Sie ein Spielzeug zum Rascheln und Knistern in die Hand des Kindes, z. B. Butterbrotpapier, leere Cremedose mit Knopf darin, kleiner, mit Erbsen gefüllter Luftballon.

VERSE UND STRAMPELSPIELE

Jetzt zieht Hampelmann,
jetzt zieht Hampelmann
sich seine Hose an.
Oh, du mein Hampelmann,
mein Hampelmann,
mein Hampelmann.
Oh, du mein Hampelmann,
mein Hampelmann bist DU!
Weitere Kleidungsstücke in den Text einbauen.

Ich bin der kleine Hampelmann,
der Arm und Bein bewegen kann.
Mal links, piep, piep,
mal rechts, piep, piep,
mal auf, piep, piep,
mal ab, piep, piep,
und manchmal auch klipp-klapp.
Statt piep andere Geräusche einsetzen: brummen, schnalzen.

Wind, Wind, Wind, Wind,
lustiger Gesell.
Wehst um alle Ecken,
willst uns alle necken.
Wind, Wind, Wind, Wind,
lustiger Gesell.

Baden und Haare waschen

Die Vorbildfunktion spielt vor allem bei der Körperpflege eine große Rolle, denn die Kleinen ahmen Erwachsene gerne nach. Sie sollten schon früh einen eigenen Waschlappen und eine Zahnbürste in die Hand bekommen und selbst mit der Reinigung beginnen.

Die benötigten Utensilien sollten einen festen Platz im Bad haben und bereitliegen, vor allem wenn ein Bad und Haarewaschen geplant ist. Sorgen Sie dabei für ausreichend Zeit für die Körperpflege und beginnen Sie rechtzeitig, bevor das Kind zu müde ist.

Achtung

Beim Baden herrscht erhöhtes Unfallrisiko, denn selbst wenn nur wenige Handbreit Wasser in der Badewanne ist, können Kinder leicht wegrutschen und in dem flachen Wasser ertrinken. Das Kind deshalb nicht aus den Augen lassen!

TIPPS

- Eine Tierfigur als Waschhandschuh anschaffen, es wäscht die Ohren, den Hals, die Haare.
- Seifenblasen machen auch ein wasserscheues Kind neugierig.
- Manche Kinder haben Probleme mit dem Haarewaschen. Schon die Kleinsten sollten so gehalten werden, dass der Hinterkopf vorsichtig gewaschen wird und kein Wasser in das Gesicht (Augen) läuft. Ein trockener Waschlappen kann als Schutz auf die Stirn gelegt werden. Älteren Kindern macht es Spaß, wenn sie eine kleine Gießkanne bekommen und selbst helfen dürfen. Einigen Kindern hilft eine Taucher- oder Schwimmbrille.
- Ein gemeinsames Bad macht Spaß und hilft, Ängste zu bewältigen. Machen Sie ein Spiel mit Rollentausch daraus, sodass das Kind dem Erwachsenen die Haare wäscht.

Verse

Es schwimmt im Nil, es schwimmt im Nil
Mit Armen Schwimmbewegung ausführen

ein riesengroßes Krokodil.
Macht's Maul weit auf,
macht's Maul wieder zu,
Hände klappen auf und zu

will fressen einen kleinen Kakadu.
Doch der Tom *(Name des Kindes)*,
der sagt: Nein, nein!
Erhobener Zeigefinger

Sonst sperr ich dich in den Käfig ein.
Käfig mit Fingern beschreiben

Nun schwimmt im Nil,
nun schwimmt im Nil
Schwimmbewegung

ein großes weinendes Krokodil.
Augen reiben, Tränen wischen

Macht's Maul weit auf,
macht's Maul wieder zu
Hände klappen auf und zu

und lässt den kleinen Kakadu in Ruh!
Erleichtert seufzen

Spiele

★ **Seifenfarben** gibt es in Drogerie-
märkten und Apotheken. Vor dem
Baden darf das Kind sich bemalen.

★ **Schneebesen** schlagen wunderbare
Schaumberge.

★ **Mit Tischtennisbällen** kann man toll
spielen, indem man diese unter Wasser
drückt und herumpustet.

★ **Taucherglocke:** Drücken Sie einen
leeren Becher mit der Öffnung nach
unten ins Wasser und drehen ihn dann
unter Wasser um. Eine Luftblase steigt
mit einem »Blubb« nach oben.

**In dem Badezimmer
steht ein Swimmingpool,**
möcht so gerne baden,
ach, wie ist das cool.
Einsteigen, nass machen.
Pitsche, pitsche, patsch.
Einsteigen, nass machen.
Hei, das ist ein Spaß.
*Melodie: Auf der grünen Wiese
steht ein Karussell*

Die Fröschelein, die Fröschelein,
das ist ein lustiger Chor.
Sie haben ja, sie haben ja
kein Schwänzchen und kein Ohr.
Quak, quak, quak.

Und kommt der Storch,
und kommt der Storch,
dann fliehen wir ins Moor.
Und ist er fort, und ist er fort,
dann kommen wir wieder vor.
Quak, quak, quak.

Die Igel machen Sonntagfrüh
eine kleine Bootspartie.
Und die Kleinen jauchzen froh,
denn das Boot, das schaukelt so.
Nicht so doll, schimpft Mutter Igel,
denn ihr habt ja keine Flügel.
Wenn ihr dann ins Wasser fallt –
hui, wie ist das Wasser kalt!
Pitsch-Patsch! Pitsch-Patsch!

Zähneputzen

Auch das Zähneputzen kann zu einer typischen Quengelsituation werden. Dann ist es wichtig, nicht über das Zähneputzen zu verhandeln, sondern es zu einem festen Ritual zu machen und zum Beispiel immer mit demselben Lied oder einer Geschichte zu begleiten. Lassen Sie Ihr Kind selbst seine Zähne putzen und bestimmen, wann es fertig ist. Erst dann sollten Sie nachputzen. Bei kleineren Kindern ist es hilfreich, wenn die Kinder mitmachen dürfen und Sie im Wechsel die Zähne putzen, das heißt Sie putzen die Zähne des Kindes, dann putzt das Kind Ihnen die Zähne.

TIPPS

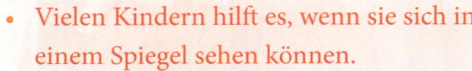

- Vielen Kindern hilft es, wenn sie sich in einem Spiegel sehen können.
- Eine Zahnputz-Sanduhr oder ein Kurzzeitwecker helfen, die Putzdauer zu bestimmen.
- Suchen Sie gemeinsam ein Lied aus. Nun werden die Zähne so lange geputzt, wie das Lied angehört wird.

SPIELE

* **Rollentausch:** Putzen Sie sich gegenseitig die Zähne.
* **Zielspucken:** Beim Wasser ausspucken mit dem Strahl auf die Schaumreste im Becken zielen.

Rudi Rabatz putzt die Zähne

* Der Wutteufel sucht mit lautem »Igitt, Igitt!« nach Karius und Baktus oder Essensresten und bürstet sie heraus.

Zungenspiel vor dem Spiegel

* Nach dem Zähneputzen trainiert es die Gesichtsmuskeln und macht Spaß: Zunge hoch – runter, rein – raus. Wangen aufblasen, mit Händen darauf drücken und ploppen lassen.
* Dazu passt:
  Mhm-mhm macht der grüne Frosch im Teich,
  mhm-mhm macht der grüne Frosch im Teich,
  mhm-mhm macht der grüne Frosch im Teich,
  anstatt nur Quak, Quak, Quak!
  Bei Mhm-mhm Zunge raus- und reinstecken.

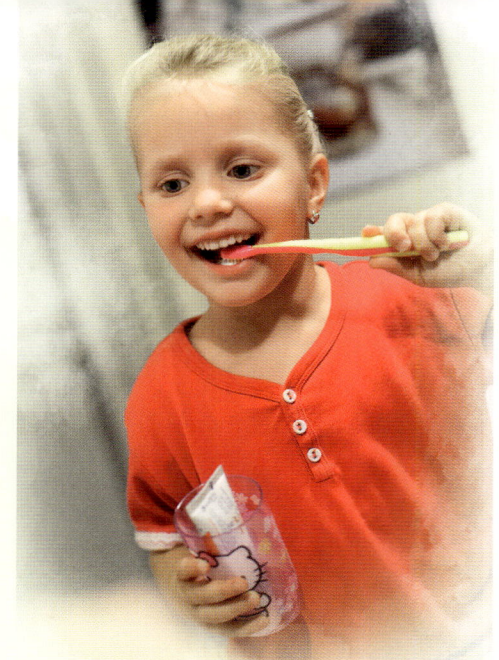

VERSE

Hin und her, das ist nicht schwer.
Rauf und runter, immer munter.
Auf und ab, dann spülen wir die Zähne
mit Wasser ab!
Gluck, gluck, gluck.

Spieglein, Spieglein an der Wand,
wer hat die weißesten Zähne im Land?

ZUR ruhe kommen und schlafen

Eins der größten Probleme für heutige Eltern sind Schreien und Schlaflosigkeit vieler Kinder.

Reizüberflutung der Kinder, Überlastung der Eltern und deren Verunsicherung sind noch nie so groß gewesen.

Denken Sie daran, wie schön es ist, ein Kind begleiten zu dürfen, ihm Geborgenheit und Wärme zu bieten! Doch gerade Erstlingseltern, die noch keine Erfahrung haben, zweifeln schnell an sich und fühlen sich überfordert. Vergleiche mit anderen Familien sollten unbedingt vermieden werden, sie führen nur zu Konkurrenzdenken. Jede Familie hat andere Tagesabläufe und Gewohnheiten, die sich auf das Schlafverhalten der Kinder auswirken. Auch unterschiedliche Phasen der Entwicklung spielen eine große Rolle dabei, wann und wie ein Kind zum Schlafen kommt. Entwicklungsphasen sorgen immer wieder für Überraschungen. Bleiben Sie trotz allem zuversichtlich.

Es gibt Eulen (brauchen viel Schlaf) und Nachtigallen (benötigen wenig Schlaf). Diese Unterschiede können von Anbeginn das Schlafverhalten bestimmen, das sich leider auch immer wieder verändern kann. So ist in Entwicklungsphasen, in denen Kinder viel Neues erlernen, der Schlaf unruhiger, da vieles vom Tage verarbeitet werden muss.

Es lohnt sich, das Kind tagsüber viel der frischen Luft und dem Tageslicht auszusetzen (Melaninausschüttung fördert den Schlaf). Überprüfen Sie, ob Sie am Tage genügend Zeit für Ihr Kind hatten, denn manchmal will es vielleicht fehlende Kuschelzeiten im Bett nachholen.

Rituale beim Zubettgehen helfen Ihnen, zu einem Schlaf fördernden Ablauf zu kommen. Der Übergang vom Aktivsein ins Passivsein fällt je nach Temperament des Kindes schwer. Ein regelmäßiger Rhythmus und Rituale vermitteln dann Sicherheit und Geborgenheit.

Achten Sie auf den rechtzeitigen Beginn des Abendprogramms und nehmen Sie sich Zeit dafür.

So kommt Ihr Kind am besten zur Ruhe. Versuchen Sie eine Übermüdung des Kindes zu vermeiden. Müde Kinder zeigen ihre Unlust durch schlechte Laune, spielen oft mit den Ohren, nörgeln an allem herum und sind schwer abzulenken.

Kinder, die den müden Punkt überwunden haben, sind nur schwer zu beruhigen. Vielleicht ist da ein ruhiges Lied, ein Vers zum Wiegen oder ein Schaukelspiel die letzte Rettung. Manchmal hilft nur noch das Fläschchen und auch bei größeren Kindern warme Milch. Auch gedämpftes Licht oder eine angelehnte Tür geben dem Kind Orientierungshilfe und Sicherheit.

Drohungen und lautes Geschimpfe machen das Kind eher munter. Leise reden hilft bei konsequenten und liebevollen Anweisungen besser. Singen, Summen, Flüstern bringen Ruhe in das Geschehen.

Manche Kinder haben auch Angst vor dem Schlafen oder dem Alleinsein. Diese Ängste sollten ernst genommen werden. Wir sind bereits im Kapitel Ängste darauf eingegangen. Hilfreich ist das Verabschieden der Kuscheltiere und Puppen mit entsprechendem Ritual.

Achtung

Denken Sie daran, den Tagesschlaf (Mittagsschlaf) nicht zu spät in den Nachmittag zu legen und eventuell zu verkürzen.

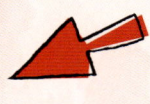

TIPPS

- Vor dem Zubettgehen sollten keine turbulenten Aktionen stattfinden, sonst ist es schwer, zur Ruhe zu kommen. Eine gemeinsame Leserunde ist das Mittel der Wahl (immer das gleiche Buch oder das Kind sucht eins aus).
- Reduzieren Sie das Programm: Bei müden Kindern reicht statt Baden auch mal Katzenwäsche.
- Lassen Sie sich am Bett sitzend die Kümmernisse und Sorgen berichten und lenken Sie die Gedanken der Kleinen auf die Ereignisse des kommenden Tages.
- Empfinden Sie selbst Ärger, gehen Sie kurz ins Bad, atmen Sie tief durch und geben Sie dann Ihrem Schatz mit dem Gefühl »Wir schaffen das!« Sicherheit.
- Ein Kuscheltier oder Mamas getragenes T-Shirt wirken Wunder. Eine Spieluhr mit dem immer gleichen Abendlied ist oft das letzte Zaubermittel, denn Kinder sind Gewohnheitstiere.
- Ein Hörspiel oder ruhige Musik helfen dem Kind langsam abzuschalten und verschaffen Eltern mehr Zeit am Feierabend.

SPIELE

Der Teddy geht schlafen

✦ Als Abendritual werden die Tiere zugedeckt und ihnen wird »Gute Nacht« gewünscht. Bussi geben, winken, und Träume verteilen (Teddy träumt von Honig, Pferd von einer Blumenwiese, Kind vom Schokoladenkuchen).

Schaukeln

✦ Kleine Kinder kommen beim Singen und Schaukeln auf dem Schoß zur Ruhe. Bei größeren Kindern werden im Bett einzelne Körperteile beim Schlaflied sanft geschaukelt (Kind liegt im Bett, erst Arm, dann Bein, dann Oberkörper, Kopf … am Ende den ganzen Körper leicht hin und her bewegen).

Streichelspiele

✦ Ruhiges Streicheln mit Feder oder Tuch hilft entspannen – auch den Erwachsenen.

LIEDER UND VERSE

Leise, Peterle, leise!

Der Mond geht auf die Reise.
Er hat sein weißes Pferd gezäumt,
das geht so still, als ob es träumt.
Leise, Peterle, leise!

Träume, Peterle, träume,
der Mond guckt durch die Bäume.
Ich glaube gar, jetzt bleibt er stehen,
um Peterle im Schlaf zu sehn.
Träume, Peterle, träume.
Paula Dehmel

Himpelchen und Pimpelchen
stiegen auf einen Berg,
Himpelchen war ein Heinzelmann
und Pimpelchen ein Zwerg.
Sie blieben lange da oben sitzen
und wackelten mit ihren Zipfelmützen.
Doch nach vielen langen Wochen
sind sie in den Berg gekrochen.
Schlafen da in guter Ruh.
Pst, seid schön still und hört gut zu.
Mit den Händen Steigbewegungen nachmachen.
Der Daumen wackelt als Zipfelmütze und
kriecht in die Faust. Dann schnarchen und Kind
zuhören lassen.

Piep, piep, piep,
ich habe dich sehr lieb.
Ich streichle dich ganz sacht
und wünsch' dir freundlich gute Nacht!

Komm her, mein Bärchen,
ich streichle deine Härchen.
Komm her, mein Schneckchen,
ich streichle deine Bäckchen.
Komm her, mein kleiner Hase,
ich streichle deine Nase.
Komm her, mein kleiner Hund,
ich streichle deinen Mund.
Beißt du? Na und!
Und zum Schluss … einen dicken Kuss!

Kreatividee

Betthupferl-Kiste

★ Einen Schuhkarton mit Mond und
   Sternen bekleben. Dazu Lose mit
   Wünschen und Symbolen basteln, die
   dann am Abend gezogen werden. Zum
   Beispiel: Streichelmassage, Geschichte
   lesen, Lied singen, Kuscheln.

stress am Morgen

Am frühen Morgen aufstehen und noch vor der Arbeit das Kind zur Betreuung zu bringen führt schnell zu Stress. Rechtzeitiges Aufstehen ist hier wichtig.

Neigen Sie selbst zur Morgenmuffelei, entscheiden Sie sich vielleicht für eine Tasse Tee oder Kaffee in Ruhe und allein, bevor Sie die Kinder wecken. Dann können Sie auch das Frühstück vorbereiten.

Schlafen Sie lieber bis zum letzten Moment, dann bietet sich die Vorbereitung am Abend an. So können Sie den Frühstückstisch bereits decken, alle Utensilien für den Morgen bereitstellen. Brote für die Arbeit und die Kita können Sie schon am Vorabend schmieren oder Gemüse schälen. Dies erspart Hektik am Morgen.

Kinder sind auch unterschiedlich in ihren Morgenstimmungen, fast alle neigen aber zum Trödeln. Sie bedürfen der Aufmerksamkeit und Präsenz, damit sie die morgendlichen Herausforderungen meistern. Achten Sie auf gleiche Abläufe, also Rituale. Geben Sie kurze Anweisungen und versuchen Sie, Drängeln zu vermeiden, es hilft nicht.

TIPPS

- Lassen Sie das Kind bestimmen, mit welchem Lied – gesungen oder von CD – es geweckt werden möchte.
- Lob spornt an! »Was, du hast schon Zähne geputzt? Das ist toll!«
- Erzählen Sie dem Kind: »Ich habe gehört, du ziehst deine Matschhose schon allein an? Schaffst du das hier auch?«
- Suchen Sie bereits am Vorabend die Kleidung aus (bei Unentschlossenen auch zwei Varianten).
- Schaffen Sie Anreize durch Unternehmungen nach der Kita. Möglichst oft an frischer Luft, z. B. Enten füttern gehen, Eis essen oder Spielplatzbesuch oder andere Vorlieben des Kindes. Bei schlechtem Wetter bieten sich an: Basteln, Backen, etc.

SPIELE

* **Wachstreicheln:** mit unterschiedlichen Dingen (Feder, Pinsel, Wutteufelchen usw.), mit einem Lied untermalen.
* **Anziehfigur:** Am Abend die Kleider auf den Boden legen. Hose oder Rock nach unten, darüber das Hemd, die Socken, die Unterwäsche. Das Kind zieht sich am Morgen von oben nach unten an, anfangs noch mit Hilfe der Eltern.
* **Wer ist schneller?** Planen Sie ein Wettspiel ein und ziehen Sie sich gemeinsam an.
* **Ein Kurzzeitwecker** kann als Hilfe und zum Ansporn genutzt werden.

VERSE

Guten Morgen, guten Morgen,
wir winken uns zu.
Guten Morgen, guten Morgen,
erst ich und dann du.
Wir wollen zusammen spielen
und uns dabei bewegen.
Guten Morgen, guten Morgen,
wir winken uns zu.

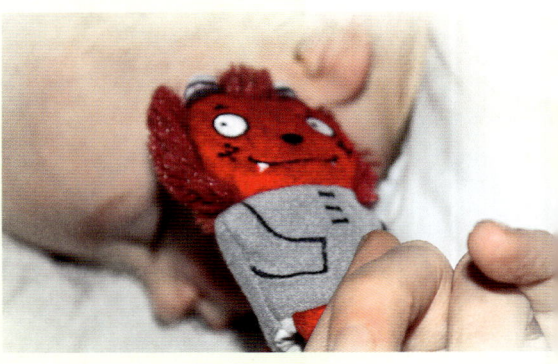

Bruder Jakob, Bruder Jakob,
schläfst du noch? Schläfst du noch?
Hörst du nicht die Glocken? Hörst du
nicht die Glocken?
Bim, bam, bom. Bim, bam, bom.
Mit Glöckchen, Klanghölzern oder
Mundharmonika wecken.

Eine kleine Mickey Maus
zog sich mal die Hose aus.
Zog sie wieder an.
Und du bist dran!

Hausarbeit bewältigen

Kochen und Wäsche sortieren

Kinder lieben es, Erwachsene zu imitieren, und lernen dabei von den Eltern. Bei den alltäglichen Hausarbeiten wollen sie dabei sein und selbst Hand anlegen. Lassen Sie Ihre Kinder zuschauen, begleiten Sie Ihr Tun mit Worten und geben Sie ihnen viele Möglichkeiten, aktiv mitzuhelfen. Auch Zweijährige dürfen mit Hocker im Sicherheitsabstand dabei sein. Aufgaben werden meist motiviert erledigt. Alles ist Spiel. Die Arbeit dauert zwar etwas länger, aber unser Kind ist beschäftigt, lernt etwas und verbringt Zeit mit uns.

Natürlich wollen Kinder mit Gegenständen hantieren, die Eltern benutzen. So sind Kochlöffel und Schneebesen sehr begehrt und es kann sehr hilfreich sein, ein Set für die Kinder bereitzulegen und ihnen auch einen alten Kochtopf zu geben. Sie werden es lieben, selbst darin zu rühren und so mitmachen zu können.

Trauen Sie Ihrem Kind etwas zu. Falls Sie unsicher sind, fragen Sie bei der Tagesmutter oder Erzieherin nach, was das Kind dort schon macht. Tisch decken und Kartoffeln mit einem Plastikmesser abschaben können sie oft schon.

Als Kochhilfe kreieren unsere Kleinen auch oft neue schmackhafte Speisen. Seien Sie experimentierfreudig und lassen Sie Ihre Kinder Brote mit verschiedenen Dingen belegen oder Fruchtcocktails aus verschiedenen Säften mischen. Wichtige Regeln dabei sind, nur eine kleine Menge herzustellen und diese wirklich gemeinsam zu probieren.

Achtung

Für die Sicherheit müssen Grenzen gesetzt werden, denn vor heißen Herdplatten und gefährlichen Schranktüren muss gewarnt werden. Entsprechende Kindersicherungen gibt es im Handel und Gefährliches gehört im Schrank nach oben. Kinder sollten trotzdem nicht allein in der Küche sein.

TIPPS

- Wenn Sie Klöße oder Bratlinge zubereiten wollen, können Kinder sehr gut mitkneten und kleine Kugeln rollen. Auch Keksteig kann (das ganze Jahr über) von Kindern geknetet und ausgestochen werden.
- Mit einem Plastikmesser können die kleinen Köche Möhren oder Kartoffeln bearbeiten und abschaben.

alles ist Spiel

Spiele

* **Topfkonzert:** Bitten Sie das Kind beim Kochen für Sie Musik zu machen mit Schneebesen, Kochlöffeln und Töpfen. Dazu singen Sie gemeinsam ein Küchenlied.
* **Fädelspiele:** Auf eine Schnur werden rohe Nudeln zu einer Kette aufgefädelt. Diese können auch mit Wasserfarben bemalt werden, aber nicht zu nass, sonst weichen die Nudeln auf.
* **Spannen Sie eine Wäscheleine** zwischen zwei Stühle und lassen Sie Ihr Kind Puppenwäsche oder Socken aufhängen.
* **Mit Wäscheklammern** kann man gut spielen, z. B. die Klammern an den Rand eines Papptellers stecken und so eine Sonne basteln.

Beim Socken sortieren

* Die Kleinen können einen Sockenberg bauen und sich dann hineinsetzen und die Socken hochwerfen.
* Ein Spielzeug oder Glöckchen wird in den Socken versteckt und soll nun durch Ertasten gesucht werden.
* Vielleicht können die Socken dabei schon nach Farben sortiert werden?
* Sockenzielwurf: Die zusammengerollten Socken werden in den Wäschekorb geworfen.

Verse

Wir sind die Musikanten und kommen aus Berlin.
Wir können spielen, auf dem Kochtopf.
Terom-tom-tom. Terom-tom-tom.
Terom-tom-tom-tom-tom.
… mit dem Schneebesen, mit dem Trichter.

Zeigt her eure Füße, die Hände dazu,
und sehet den fleißigen Köchen zu.
Sie kneten, sie kneten, sie kneten den ganzen Tag.
Sie backen, sie backen …
Sie rühren, sie rühren …

Wer will fleißige Bäcker sehn,
der muss zu den Kindern gehn.
Oh, wie fein. Oh, wie fein.
Der Peter knetet ganz allein.

Schaut mal her, schaut mal her,
das Ausrollen ist gar nicht schwer.

Oh, wie fein. Oh, wie fein.
Der Teig kommt in den Ofen rein.

Ein Mops kam in die Küche
und stahl dem Koch ein Ei,
da nahm der Koch die Kelle
und schlug den Mops entzwei.

Da kamen viele Möpse
und gruben ihm ein Grab
und setzten drauf 'nen Grabstein,
worauf geschrieben stand:
…
Wiederholen von vorne.

Klopf, klopf, klopf,
auf meinen schönen Topf.
Der Topf fängt an zu klingen
und dazu kann ich singen.
Klopf, klopf, klopf,
auf meinen schönen Topf.
Melodie: »Hopp, hopp, hopp,
Pferdchen lauf Galopp«

KREATIVTIPP

Puppenherd aus Pappkarton
✶ Herdplatten werden aufgemalt oder aus
  Bastelfolie ausgeschnitten. Die Back-
  ofentür mit einem Teppichmesser
  ausschneiden. Kleine Gläschen-Deckel
  dienen als Knöpfe, aufgeklebt oder in
  der Mitte angebohrt und mit Schraube
  und Mutter befestigt.

Aufräumen

Über die Frage, was ordentlich ist, herrschen bei Kind und Eltern meist unterschiedliche Meinungen. Während die Eltern verzweifeln, wenn alles auf dem Boden verstreut ist, fühlen Kinder sich im Chaos wohl, denn sie haben ihre Spielsachen sichtbar und griffbereit vor sich. So können sie immer neue Spielideen entwickeln und auch eigenständig umsetzen.

Trotzdem muss auch aufgeräumt werden, um das Wohnzimmer den Erwachsenen zu überlassen und auch um Spielzeug und die eigenen Füße vor Verletzungen zu schützen. Bis zum Schulalter benötigen Kinder dabei noch Hilfe, denn wenn beim Aufräumen ein Spielzeug in der Hand ist, entsteht oft eine neue Spielidee.

Sie sollten das Aufräumen ankündigen, durch einen gestellten Küchenwecker oder einen speziellen Gong. Klare Regeln über Spielflächen, die dem Kind zur Verfügung stehen, sind wichtig. Hier dürfen auch aufgebaute Autos oder Bausteine stehen bleiben. Ist keine Zeit mehr, reicht es, einen Fußweg durch das Chaos frei zu räumen.

Die Spielsachen verstaut man am besten in Kisten, die vielleicht mit Bildern beklebt sind, die das Sortieren erleichtern. Auch die Kleinsten lernen dann schnell, alle Tiere in die blaue und alle Autos in die rote Kiste zu verstauen. So können Sie kleine Suchspiele beim Aufräumen spielen und klare Anweisungen geben: »Wo sind die Bausteine? Alle in die Kiste!«.

Bei zu vielen Spielsachen ist es angebracht, einen Teil verschwinden zu lassen, um ihn später auszutauschen. Nach ein paar Wochen wird das Spielzeug wieder angeboten. Bei den Größeren sollten Sie deren Zustimmung einholen.

TIPPS

- Vorankündigung: eine Glocke dreimal läuten oder einen Kurzzeit-Wecker stellen.
- Geben Sie konkrete und kurze Anweisungen, evtl. per Flüstertüte: »Jetzt wird aufgeräumt. Alle Tiere in die Ecke!«
- Eine stabile Pappe oder ein dünnes Brett können als Unterlage dienen, wenn besondere Bauwerke stehen bleiben, umgerückt oder auf ein Regal gestellt werden sollen.
- Eine Belohnung nach dem Aufräumen sporrt an. Ein Buch wird vorgelesen oder eine gebastelte Blume oder ein Stern aus Papier vergeben.

SPIELE

- ✦ **Wettsuchen:** »Wer findet mehr Bausteine / Puppenkleider, du oder ich?«
- ✦ **Ich sehe was, was du nicht siehst** wird etwas umgewandelt und beendet mit »und das muss in die Kiste!«.

Kreatividee

Bunte Boxen

- ✦ Für die geordnete Aufbewahrung von Spielsachen können Sie mit den Kindern Schuhkartons bemalen und bekleben. Passende Bilder oder Sticker auswählen, dann weiß jeder, was hineingehört.

Verse

Wo sind die Tiere, wo sind die Tiere?
Siehst du sie, siehst du sie?
Sie müssen in die Kiste, müssen in
die Kiste.
Hier hinein, hier hinein!
Melodie: Bruder Jakob

Schnell, schnell, schnell
sind alle meine Autos.
Schnell, schnell, schnell
ist alles, was ich mag.
Darum lieb ich alles, was so schnell ist,
weil ich damit spielen kann.
Melodie: Rot, rot, rot sind alle Kleider

Sauber-Zauber
Wir sprechen jetzt den Zauber,
alles wird jetzt sauber!
Ene mene großer Wal, alle Bücher
ins Regal.
Ene mene Miste, alle Steine in die Kiste.
Ene mene Mox, alle Autos in die Box.
Ene mene nett, alle Puppen in das Bett.

Einkaufen

Bevor Sie gemeinsam mit Ihrem Kind zum Einkaufen aufbrechen, sollten Sie sich vorbereiten. Eine Einkaufsliste ist wichtig, wenn Sie auf den kleinen Begleiter achten müssen. Im Supermarkt gibt es leider viele gestresste Menschen, die häufig gereizt auf Eltern mit kleinen Kindern reagieren. Bleiben Sie gelassen, auch wenn es manchmal schwerfällt und versuchen Sie den Ärger wegzulächeln, manchmal hilft es.

Der Einkauf im Supermarkt kann bei schlechtem Wetter den Indoorspielplatz ersetzen, denn es gibt viel zu entdecken. Das Kind kann ab dem Laufalter eigene Suchaufträge erfüllen und Waren in einen eigenen kleinen Wagen (oder Beutel) legen. Diese Mitarbeit wird den Einkauf zwar verlängern, aber ihn auch stressfreier machen. Auch das Bugsieren von Pfandflaschen in den Rückgabecontainer ist interessant.

Sitzt das Kind im Einkaufswagen, weil es noch nicht laufen kann oder Sie den Einkauf schnell erledigen müssen, so können Sie die Suche nach Lebensmitteln mit lustigen Worten begleiten und laut denken (»Wo haben sich die Eier versteckt? Was brauche ich noch für die Suppe?«). Dem Kind sollten Sie etwas zum Betrachten in die Hand geben, zum Beispiel eine bunte Verpackung, auf der Bilder sind.

TIPPS

- Feste Absprachen vor dem Betreten des Supermarktes erleichtern das Nein-Sagen an der Kasse. Bestimmen Sie im Vorfeld Ihre Regeln, erklären Sie Ihrem Kind diese bereits zu Hause und bleiben Sie konsequent. Gibt es von klein auf nie etwas an der Kasse, wird Ihr Kind dies auch nicht einfordern. Vielleicht darf Ihr Kind aber auch eine Sache selbst aussuchen, ein besonderer Joghurt, Müsli oder eben die *eine* Kleinigkeit an der Kasse.

- Planen Sie gemeinsam mit dem Kind, was Sie essen und kochen wollen. Durch das Gespräch bleibt Ihr Kind beschäftigt und fühlt sich beachtet.

Spiele

* Malen Sie einen Einkaufszettel mit dem Kind. Dabei steht die Kuh für Milch oder Schaum für Seife. Ihr Kind kann nun mit seiner Liste einkaufen.
* In einen kleinen Einkaufswagen darf Ihr Kind ein paar Dinge einpacken. Später unauffällig reduzieren.
* Wo sind die Äpfel? Wo steht die Milch? Fragen Sie Ihr Kind nach den Lebensmitteln.
* Zählen Sie gemeinsam, wie viele Kinder oder Verkäufer im Supermarkt sind.

Kreatividee

Einkaufstasche

* Bemalen Sie mit Ihrem Kind eine Baumwoll-Tragetasche mit wasserfesten Filz- oder Stoffmalstiften. Es gibt sie in Bastelgeschäften. Die Tasche kann nun beim Einkaufen benutzt werden. Auch einen nicht zu großen Korb oder Rucksack trägt das Kind stolz.

Ab in die Welt

Wartezeiten

Arztbesuche und Behördengänge mit dem Kind können nicht immer vermieden werden und es gibt leider immer Situationen, in denen Sie Wartezeiten überbrücken müssen. Oft sind die kleinen Entdecker dann schwer zu bändigen und es endet mit Quengelei und Stress. Versetzen Sie sich in die Situation des Kindes: Viele Menschen und Geräusche, zusammen mit meist stickiger Luft können schnell zu einer Reizüberflutung führen.

Haben Sie jedoch einen Platz an Rande des Geschehens, der etwas Bewegungsfreiheit für das Kind bietet, erfreuen sich die Kleinen sehr an den anderen Menschen und den neuen Eindrücken. Nehmen Sie Ihr Kind aus dem Kinderwagen, es sieht auf Ihrem Schoß besser und spürt gleichzeitig Ihre sichere Nähe. Schon mit den Kleinsten kann man dann »Ich sehe was, was du nicht siehst …« spielen und interessante Dinge betrachten.

Bieten Sie etwas zum Spielen an. Die meisten Kleinkinder haben Spaß an Dingen, die sie anfassen, drehen und anschauen können. Der Reiz liegt oft im Neuen und in umfunktionierten Dingen. So kann aus einem Tuch eine Schlange werden oder aus der Zeitung ein Fernrohr.

Fängt Ihr Kind an zu weinen und unruhig zu werden, ist es ihm vielleicht einfach zu viel in der ungewohnten Umgebung. Ein kurzer Ausflug an die frische Luft wirkt dann Wunder. Durchatmen, etwas Ruhe – beides entspannt Eltern und Kind und kann so einen zweiten Anlauf möglich machen. Vielleicht möchte Ihr Kind jetzt auch lieber in seinen Wagen und mit einem Tuch von dem Trubel abgeschirmt seine Ruhe haben.

Spiele

* Drück-Code mit Größeren: Hände mehrmals drücken, Kind zählt mit und gibt Code wieder zurück.
* Ich sehe was, was du nicht siehst, und das ist blau … (oder ein Gegenstand, Auto, Bus, Vogel)
* Rudi Rabatz oder ein Kuscheltier im Wartezimmer verstecken und das Kind suchen lassen.
* Kleine Papierkugeln oder ein Auto durch eine gedrehte Zeitungsrolle kullern lassen.

Ruhige Schmusespiele

* Nase an Nase, Ohr an Ohr, Wange an Wange legen. Dabei nur flüstern.
* Wo ist die Nase? Zeig sie mir! Ja, da ist die Nase – wunderbar!
  Wo ist die Zunge? Wo ist das Ohr?
* Nase klauen und Daumen als Nase zwischen den Fingern halten.

Blindes Kitzelspiel

* Augen zuhalten und mit Rudi Rabatz am Ohr oder Kinn kitzeln – das Kind soll raten, wo der Wutteufel ist.

Papierpuzzle

* Bild aus einer Zeitung in 6 bis 8 Teile reißen oder schneiden. Dann wird gepuzzelt.

Pustespiel

* Watte, Feder oder Papier auf einem Tisch hin und her pusten, vielleicht auch um Hindernisse herum. Klappt auch mit Strohhalmen.

Fingergeschichten

✦ Finger mit Gesichtern bemalen und Geschichten erzählen. Beginnen Sie mit dem Vater (Zeigefinger), der mit der Mutter (Mittelfinger) und den drei Kindern einen Ausflug plant. Der Kleinste schreit dauernd, alle anderen freuen sich auf das Picknick und erklären, was man dazu mitnimmt.

Alle Vögel fliegen hoch

✦ Die Finger der Mitspielenden trommeln auf den Tisch. Wird etwas angesagt, das fliegt, müssen die Finger schnell gehoben werden. Achtung, manchmal werden auch Dinge angesagt, die nicht fliegen (z. B. »Alle Mäuse fliegen hoch«).

Verse und Lieder

Alle meine Fingerlein wollen heut' mal Tiere sein.
Alle Finger winken.

Dieser Daumen dick und rund
ist der schwarze Schäferhund.
Daumen zeigen, bellen.

Zeigefinger ist das Pferd,
das den Kindern reiten lehrt.
Zeigefinger zeigen, wiehern.

Mittelfinger ist die Kuh,
die gibt Milch ohne Rast und Ruh.
Mittelfinger zeigen, muhen.

Ringfinger ist das Schwein,
mit vier Ferkeln, klitzeklein.
Ringfinger zeigen, grunzen.

Kleiner Finger, ritze-ratze,
ist die schwarze Miezekatze.
Kleinen Finger zeigen, miauen.

Alle Tiere, hopp, hopp, hopp,
laufen alle im Galopp.
Laufen in den Stall hinein,
denn es wird bald Abend sein.
Hände ans Ohr legen und schnarchen.

Das ist der Daumen,
der schüttelt die Pflaumen,
der hebt sie alle auf,
der bringt sie nach Haus
und der Klitzekleine isst sie alle alleine auf.

Erst kommt der Sonnenkäferpapa.
Dann kommt die Sonnenkäfermama.
Und hintendrein, ganz klitzeklein,
die Sonnenkäferkinderlein.
**Begleitend mit den Fingern über die Arme
und den Körper des Kindes laufen.**

Meine Hände sind verschwunden,
ich habe keine Hände mehr.
Hände hinter dem Rücken verstecken

Ach da sind die Hände wieder,
tralalala-la jucheee.
**Hände wieder vorzeigen und winken
Sie können auch Augen, Mund und Nase
verschwinden lassen, indem Sie sie mit
den Händen verdecken.**

Im Restaurant

Ein Kind ist begierig seine Umwelt zu beobachten und dieses Bedürfnis will gestillt werden. Ausflüge schaffen neue Eindrücke und sind dadurch eine gelungene Abwechslung für Eltern und Kind. Besuchen Sie also getrost ein Café oder Restaurant. Viele bieten bereits eine Spielebox oder sogar eine Spielecke für die kleinen Gäste an. Mit den unten beschriebenen Beschäftigungsmöglichkeiten oder einigen vorbereiteten Spielideen für das Kind wird der Restaurantbesuch zu einer gelungenen Unternehmung. Kleine Malbücher und Stifte beschäftigen die meisten Kinder für eine Weile am Tisch.

Die Wartezeit ist dennoch zu lang? Wieder einmal kann ein kurzer Ausflug an die frische Luft Wunder wirken.

TIPPS

- Sind Sie mit mehreren Erwachsenen und Kindern im Restaurant, so bestellen Sie die Hauptspeisen zeitversetzt, dann kann sich Ihre Begleitung um die Kinder kümmern und Sie können in Ruhe essen.
- Überraschungstasche mitnehmen (siehe Kapitel »Die Zaubermittel-Box«).

spiele

- ✦ **Tastspiel:** Spielzeug oder anderen Gegenstand (z. B. Besteck) unter einem Tuch erraten lassen.
- ✦ **Was fehlt?** Je nach Alter des Kindes 2 bis 6 Gegenstände hinlegen und ansehen lassen. Das Kind schließt die Augen, ein Gegenstand wird entfernt. Welcher ist es?
- ✦ **Variante:** einen Gegenstand dazulegen.
- ✦ **Strohhalmkette:** Lassen Sie sich Strohhalme geben. Die Enden anritzen, ineinander stecken und zur Kette biegen.

Mit Stiften und Papier

- ✦ Punkt. Punkt. Komma. Strich. Fertig ist das Mondgesicht!
- ✦ Eine einfache Zeichnung malen und etwas Wichtiges weglassen, z. B. Haus ohne Tür, Auto ohne Reifen, Hase ohne Ohr. Was fehlt?
- ✦ Eine Speisekarte malen.

kreativideen

Faltspiele

- ✦ Mit den jüngeren Kindern können Sie aus einem Stück Papier ein Zelt, einen Tunnel oder ein Karussell falten und kleine Papierfiguren aufstellen.
- ✦ Mit älteren Kindern können Sie einen Hut falten. Wenn Sie mehrere kleine Hüte falten, können diese zu einem Tannenbaum übereinandergesteckt werden.

Besuch bei Freunden oder Urlaub

Besuchen Sie Freunde, die selbst Kinder haben, sind diese auf Ihren Besuch meist auch gut eingestellt. Schwieriger wird es bei kinderlosen Paaren, deren Wohnung vielleicht nicht auf die kleinen Entdecker vorbereitet ist, oder in Ferienwohnungen oder Hotelzimmern im Urlaub.

Es empfiehlt sich immer ein kleiner Sicherheits-Check am Anfang des Besuchs: Gibt es ungesicherte Fenster, Steckdosen? Gefährliche oder auch wertvolle und zerbrechliche Dinge kann man schnell aus der Reichweite des Kindes schaffen. Ein umgedrehter Wäscheständer kann im Notfall als Absperrung dienen. Nun kann der neue, unbekannte Bereich vom Kind untersucht werden.

Bei einem Besuch bei Freunden bleiben die Kleinen in der Anfangsphase gerne noch in der Nähe der Eltern. Behalten Sie Ihr Kind auf dem Arm oder Schoß, es wird nach einiger Zeit bereit zum Erkunden sein. Falls Sie Spielzeug vergessen haben, findet sich in der Küche immer etwas Brauchbares zum Spielen (Butterbrottüten zum Bemalen oder Schneebesen und Kochtöpfe).

Wird Ihrem Kind langweilig und es beginnt zu quengeln, da ihm keiner Beachtung schenkt, dann ist es Zeit für eine gemeinsame Spielpause. Ein altbekanntes Kinderlied animiert vielleicht auch die Freunde zum Mitsingen, zum Beispiel Backe, backe Kuchen, oder eine kleine Geschichte zum Mitspielen von Groß und Klein schafft Freude.

TIPPS

- Ein Bratschlauch mit klein geschnittenen Strohhalmen gefüllt ist ideal zum Untersuchen und raschelt wunderbar (aufpusten, füllen und zubinden).
- Füllen Sie einen Tiefkühlbeutel mit ein wenig Wasser und knoten Sie ihn zu.
- Ältere Kinder fädeln gern Nudeln auf eine Schnur oder stecken sie in eine Flasche.
- In dieser Situation kann die gemischt gepackte Überraschungstasche Ideen zaubern.

Spiele

* **Luftballonraupe:** Mehrere Ballons aneinanderknoten. Auf den ersten Ballon ein Gesicht malen.
* **Luftballon füllen** mit Reis oder getrockneten Erbsen und leicht aufpusten: macht Geräusche.
* **Malen Sie ein Gesicht** auf den aufgepusteten Luftballon, dies macht die Sache für Groß und Klein noch spannender.
* **Dazu ein Lied:**
  Luftballon, flieg mir nicht davon.
  Lass dich stupsen, lass dich packen.
  Viele schöne Sachen machen.
  Luftballon, flieg mir nicht davon.
  Melodie: Hopp, hopp, hopp, Pferdchen lauf Galopp

Verse

**Ein schöner, ein großer,
ein roter Luftballon,**
Pantomimisch den großen Ballon zeigen,

fliegt hoch und immer höher,
er fliegt mir fast davon!
der dann nach oben fliegt.

Doch an der Schnur, der langen,
da hol ich ihn zurück.
**Mit den Händen an einer unsichtbaren
Schnur herabziehen und fangen.**

Jetzt hab ich ihn gefangen,
was hab ich für ein Glück!
Am Ende freudig klatschen.

Löwenjagd

Es waren einmal zwei Indianer.
Zwei Finger zeigen.

Ein großer Indianer und ein
kleiner Indianer,
Hände zeigen großen und kleinen Indianer.

die wollten sich auf die Suche nach
einem Löwen machen.
So liefen sie los,
Hände patschen auf die Oberschenkel.

und sie kamen an einen Fluss,
durch den sie hindurchschwammen.
Schwimmbewegungen mit den Armen.

Nun schauten sie nach rechts und
nach links,
Mit Hand an der Stirn umsehen.

aber: kein Löwe!!!
**Mit ausgebreiteten Armen resigniert
die Schultern zucken.**

So liefen sie weiter …
Hände patschen auf die Oberschenkel.

*Nun wiederholt sich der Ablauf an
verschiedenen Orten.*

Sie kamen an einen Sumpf,
durch den sie vorsichtig schlichen.
*Schmatzende Geräusche und auf
die Oberschenkel schlagen.*

Sie kamen an eine Wiese,
über die sie liefen.
Handflächen aneinanderreiben, wischen.

Sie kamen an eine Brücke,
über die sie stampften.
Mit Händen auf den Brustkorb schlagen.

Nun waren sie so müde,
dass sie sich schlafen legten.
Pantomimisch darstellen, schnarchen.

Aber plötzlich! Lautes Löwengebrüll!
Ein Löwe!
Und sie rannten schnell davon.
*Hände patschen sehr schnell auf die
Oberschenkel.*

*Jetzt geht es den ganzen Weg, verbunden mit
allen Geräuschen, wieder zurück!*

Bis in das Indianerdorf zu ihrer Mutter,
die sie fest in die Arme nahm und sagte:
»Gut, dass ihr gesund wieder da seid!«
Kind fest in den Arm nehmen und drücken.

spiele auf der reise

Vor der Ankunft am Urlaubsort steht der Weg dorthin und dieser kann anstrengend werden. Denken Sie an das Ziel Ihrer Reise. Urlaub und Veränderung schaffen wunderschöne Erlebnisse mit der gesamten Familie!

Planen Sie genügend Pausen ein, in denen sich alle ausgiebig bewegen können. Und haben Sie auch eine kleine Notfallausrüstung griffbereit, wie Zweitwäsche für die Kinder, einen feuchten Waschlappen im Plastikbeutel und Spielmaterial. Dazu schauen Sie in das letzte Kapitel, das Material anbietet, das für verschiedene Spiele umfunktioniert werden kann.

Die Kinder sollten die Möglichkeit haben, ein Lieblingsspielzeug und Kuscheltier mitzunehmen. Dies schafft Vertrautheit am fremden Ort.

TIPPS

- Zur Sicherheit sollten Sie sich ein Medikament gegen Reiseübelkeit von Ihrem Kinderarzt empfehlen lassen und mitnehmen. Denken Sie auch an eine Reiseapotheke.
- Packen Sie kleine leichte Snacks für die Fahrt ein (Weintrauben, Trockenobst, Rosinen, Käse, Kekse) und vor allem Wasser gegen den Durst.
- Planen Sie Pausen zum Bewegen ein. Dann sollten sich alle austoben, hopsen, springen! Für die Großen eine Picknickdecke mitnehmen, Beine in die Luft strecken, Beine kreuzen, Fahrrad fahren mit Beinen, Luftballon mit Füßen anstoßen.
- Wenn die Jahreszeit es zulässt, barfuß laufen.

Bewegung macht fit und gute Laune

spiele

* **Erzählen Sie Geschichten** über das Reiseziel und darüber, was es zu entdecken gibt:
»Wir werden uns einen großen Turm ansehen und hinaufklettern, dann sehen wir von oben bestimmt …«
»Am tollen Strand wird feiner Sand sein, damit können wir eine riesige Sandburg mit vier Türmen bauen …«

* **Überraschungstüte:** Geben Sie Ihrem Kind eine Tüte mit neuen und alten Spielzeugen, die es für den Urlaub gut nutzen kann. Je nach Alter kann auch ein kleines Buch zum Reiseziel dabei sein, eine Figur, ein Miniauto, Sandspielzeug für den Strand, aber auch Reiseproviant. Die kleinen Überraschungen werden nach und nach ausgepackt.

* **Tücherzauber:** Gut für Reisespiele sind auch Tücher, mit denen man zaubern kann, sie können aus der Hand quellen und Luft zuwedeln. Auch Versteckspiele sind möglich. (»Wo ist Rudi Rabatz versteckt?«)

* **Fragen Sie nach der Farbe** vorbeifahrender Autos und zählen Sie diese gemeinsam.

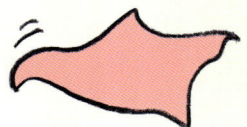

VERSE

Tuff, tuff, tuff, die Eisenbahn,
wer will mit zur Oma fahren.
Alleine fahren mag ich nicht.
Drum nehme ich den Papa mit.

**Meine kleine Eisenbahn fährt heut
nach Berlin**
und wer einen Fahrschein hat,
der kommt auch heut noch hin.

In dem Speisewagen
schmeckt das Essen fein,
und wer dann noch durstig ist,
der trinkt ein Gläschen Gänsewein.

Auto fahren macht viel Spaß.
Der Papa, der gibt Gas.
Wir sind so schnell wie der Wind.
Bis wir endlich bei Oma sind.
Tut-tut!

Kommt ein Flugzeug angeflogen.
Fliegt ganz hoch, im hohen Bogen.
Senkt sich auf die Erde nieder.
Steigt dann in die Höhe wieder.
Rollt dann auf der Rollbahn aus.
Alle Leute steigen aus!
**Bewegungen als Fingerspiel entsprechend
dem Text ausführen.**

Hoch am Himmel,
Arme nach oben strecken.

tief auf der Erde,
Mit Händen auf den Boden klopfen.

überall ist Sonnenschein.
Einen Sonnenkreis mit Armen ausführen.

Wenn ich nicht ein Kindlein wäre,
Klatschen.

würd ich gern ein Vogel sein.
Flügelbewegung und piepsen.

Piep, piep, piep.
**Weitere Tiere einsetzen wie Hund, Katze, Löwe,
Elefant mit entsprechenden Geräuschen.**

**Wie macht die Katze? Wie macht
die Katze?**
Wer sagt's mir? Wer sagt's mir?
Miau, miau, mi-au. Miau, miau, mi-au.
So macht sie. So macht sie.
**Weitere Tiere können geräuschvoll
eingesetzt werden.**

Melodie: Bruder Jakob

Wege zu Fuß

Wenn der Weg zum Kindergarten oder zur Bushaltestelle zu bewältigen ist, bleibt keine Zeit für lange Friedensverhandlungen mit Ihrem Sprössling.

Eltern müssen nicht alles dem Kind unterwerfen, gerade wenn Sie selbst pünktlich zum Dienst müssen. Das Kind kann nicht immer im Mittelpunkt stehen. Eltern dürfen auch an sich denken und ihre Individualität bewahren. Es gibt Situationen, in denen Eltern und Kinder kaum einen Kompromiss finden. Dann gibt der Erwachsene als »Bestimmer« die Linie vor, die Kinder werden sich an den Ablauf gewöhnen. Zum Ausgleich kann auf dem Heimweg mit mehr Ruhe gelaufen werden. Ein kleines Spiel erleichtert es oft, voran-

zukommen. Richten Sie Ihren Blick nach vorne, vielleicht kann etwas Interessantes als Ziel anvisiert werden. Unterhalten Sie sich oder erzählen Sie eine spannende Geschichte im Takt Ihrer Schritte.

TIPPS

- Kinder, die nicht laufen wollen, können vielleicht mit einem Hilfsmittel ermuntert werden, eine längere Strecke zu bewältigen. Das kann ein Laufrad, ein Roller oder eine Schubkarre sein, genauso wie ein Puppenbuggy, in dem Puppe oder Kuscheltier geschoben werden können. Vielleicht kann auch Rudi Rabatz als Lockvogel dienen.
- Bei kleinen Kindern können Sie auch einen Kompromiss anbieten. Wenn es bis zur Ecke zügig läuft, wird es ein kleines Stück getragen. Dann wird jedoch wieder gelaufen.
- Am Ziel kleine Überraschung anbieten (Murmel, Luftballon, etc.).
- Bei größeren Kindern hilft manchmal ein Rollentausch. Das Kind spielt den Elternteil, die Eltern das jammernde Kind.

Spiele

★ **Wettrennen Richtung Ziel:**
»Wer ist zuerst da?«

★ **Zählen Sie auf dem Weg** Haustüren
oder nur die roten Autos. Wer sieht
sie zuerst?

★ **Spielen Sie Pferd** mit Ihrem Kind und
legen Sie ihm ein Springseil um die
Hüfte. Die Enden sind die Zügel.

★ **Bello, lauf:** Lassen Sie Ihr Kind einen
Hund spielen, dem Sie Befehle geben
oder Stöckchen in Laufrichtung werfen.

Engelchen, Bengelchen flieg!

★ Das Kind in der Mitte wird von je
einem Erwachsenen an einem Oberarm
gefasst und nach vorne in die Luft
geschaukelt, während die Erwachsenen
dabei weitergehen.

Wie die Enten watscheln

★ Wenn Sie etwas Zeit haben, können Sie
sich gemeinsam auf verschiedene Arten
vorwärtsbewegen. So können Sie wie
ein Flugzeug fliegen, wie die Katzen
schleichen, wie die Elefanten trampeln
oder wie die Frösche hüpfen. Lassen Sie
Ihr Kind bestimmen und ahmen Sie
dabei entsprechende Geräusche nach.

Verse

Ein Hut, ein Stock, ein Regenschirm
und vorwärts, rückwärts, seitwärts, Schritt.
**Vers aufsagen und zügig laufen, beim zweiten
Satz stehen bleiben und mit einem Bein die
Bewegung ausführen.**

**Ich bin ein kleiner Esel und
laufe durch die Welt.**
Ich wackle mit dem Hinterteil,
so wie es mir gefällt.
I-ah, i-ah, i-ah.

Ich fahr mit meinem Fahrrad
von Spandau nach Berlin.
Und wenn ich keinen Platten hab,
dann komm ich heut noch hin.

Jetzt seh' ich schon den Funkturm
und auch das ICC.
Dann radle ich über den Ku'damm,
bis hin zum KaDeWe.

Jetzt will ich heimwärts radeln,
das fällt mir gar nicht schwer.
Die Mama steht am Fenster
und freut sich schon so sehr.
Melodie: Alle meine Entchen

Die
Zauber-
mittel-Box

Dieses Kapitel soll eine Übersicht über Spielmaterialien bieten, die Sie flexibel einsetzen können und aus denen Sie bei Ausflügen immer etwas auswählen und mitnehmen können. So haben Sie bei Bedarf Beschäftigungsanregungen zur Verfügung. Packen Sie einen Rucksack, eine kleine Handtasche mit möglichst vielen Innentaschen oder auch nur einen einfachen Beutel für unterwegs. Darin verstecken Sie Spielideen und können diese zum Entdecken anbieten.

Diese Spielmaterialien können vielseitig genutzt werden. Zu jedem finden sich hier einige Ideen zur Anwendung, weitere Ideen sind in den vorausgegangenen Kapiteln erwähnt.

Fingerpuppe Rudi Rabatz

(oder eine andere kleine Hand- oder Fingerpuppe)

* für Fingerspiele und Lieder
* als Vermittler bei Problemen
* als Tröster bei Unwohlsein
* als Spaßmacher in Wartesituationen
* zum Verstecken und Suchen-Lassen

Interessante kleine Dinge zum Spielen und Anfassen

* Glöckchen
* Feder
* Strohhalm
* Watte
* große Murmel
* Softball

EIN TUCH AUS BAUMWOLLE, CHIFFON ODER SEIDE

(ca. 60 x 60 cm bis 100 x 100 cm)

* zum Winken und Luft zuwedeln
* zum Kitzeln mit den Zipfeln
* zum Streicheln
* zum Sich-Zudecken oder Darunter-Verstecken
* zum Schwingen und Fliegenlassen
* für Kuck-Kuck-Da-Spiele über das Gesicht legen
* für Verkleidungen auf den Kopf setzen oder zum Umhang binden
* für Puppe oder Teddy als Windel oder Tragebeutel
* für das Knoten von Figuren (Puppe, Geist, Wurm, Hase)
* zum Dinge-darunter-Verstecken für Ratespiele oder zum Ertasten
* zum In-die-Hose-Stecken als Schwänzchen für Fangspiele
* zum Pferdchenspielen, mit um die Hüfte gelegtem Tuch

Butterbrottüte

★ mit einem Gesicht gestaltet wird sie
  zur Handpuppe
★ zum Knistern und Rascheln
★ zum Aufblasen und dann Zudrehen –
  so wird ein Ball daraus
★ zum etwas darin Verstecken, zum
  Beispiel kleines Spielzeug als Überraschung
★ zum Sammeln und Aufbewahren
  von kleinen Fundstücken
★ zum bunt Bemalen und später als
  Windlicht Aufstellen

Ein kleines Wimmelbuch mit Suchbildern

Darin lässt sich viel suchen und entdecken
oder Geschichten können gemeinsam
erfunden werden.

Ein Wasserball

(praktisch klein in der Tasche verstaut,
aber aufgepustet ein Hit)
★ zum Stupsen
★ zum Trommeln
★ zum Daraufreiten
★ zum Daraufrollen
★ und natürlich zum Ball spielen!

Bunte Luftballons

* zum Füllen mit Reis oder Sand, als Rassel zum Geräuschemachen
* zum Stupsen und Treten – aufpusten und an eine Schnur binden
* zum Bemalen mit einem lachendem und einem weinenden Gesicht
* zum Hinterherjagen – aufpusten und ohne Zuknoten fliegen lassen
* auf dem Spielplatz und draußen als Wasserbombe

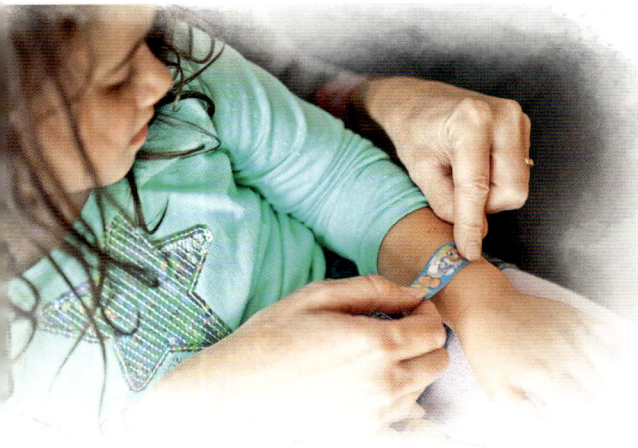

Einige Pflaster

* für den Notfall bei kleinen Wunden
* durch Bemalen wird es zur Finger-puppe
* zum Verarzten von Puppen im Spiel
* zum Festkleben von Bildern oder Ballons

Seifenblasen

* Als Tröster-Überraschung bei kleinen Unfällen. Machen aber eigentlich immer wieder Spaß!

Federtasche

* mit Buntstiften, Schere, Tesafilm und Klebestift, dazu Papierblock oder kleines Malbuch.

EINIGE WÄSCHEKLAMMERN

* zum Anklammern an Pappteller oder Stoffe als Blumenblätter, Sonnenstrahlen, Igelstacheln …
* zum An-die-Kleidung-Klammern
* zum Sich-gegenseitig-von-der-Kleidung-Klauen
* zum Fangen von Papierschnipseln, Klorollen …
* zum Aufhängen von Puppenwäsche, Kunstwerken, Tüchern

EINE ZEITUNG

* zum Rollen einer Flüstertüte
* zum Ausschneiden eines Papierpuzzles
* zum Falten von Papierschiffchen, Hüten …
* zum Ausreißen von Papierschnipseln

PAPPROLLEN VON TOILETTEN- ODER HAUSHALTSPAPIER

* als Fernrohr benutzen
* als Flüstertüte
* für allerhand Basteleien

verzeichnis der verse und lieder

Empfehlenswerte Literatur

Austermann, Marianne / Wohlleben, Gesa: Krabbelfinger werden größer. Spiel und Spaß für Ein- bis Dreijährige. München ³2008

Austermann, Marianne / Wohlleben, Gesa: Krabbelfinger werden größer. Fröhliche Lieder für kleine Kinder. (CD) München ⁷2012

Austermann, Marianne / Wohlleben, Gesa: Zehn kleine Krabbelfinger. Spiel und Spaß mit unseren Kleinsten. München ³⁰2012

Austermann, Marianne / Wohlleben, Gesa: Zehn kleine Krabbelfinger. Erste Lieder für unsere Kleinsten. 25 Lieder. (CD) ¹⁶2013

Bagus, Anja / Weber, Nina: Der Trotzphasen-Survivalguide. Notfall-Tricks für Eltern mit Kindern zwischen 2 und 5. München 2013

Juul, Jesper: Die kompetente Familie. Neue Wege in der Erziehung. Das familylab-Buch München ⁹2013

Juul, Jesper: Nein aus Liebe. Klare Eltern – starke Kinder. München ¹³2013

Juul, Jesper: Was Familien trägt. Werte in Erziehung und Partnerschaft. München ⁸2012

Nußbaum, Margret / Schliehe, Karin / Mark, Bernhard: Jetzt kommt die Glücksfee. 365 Spiel- und Spaßideen für den Familienalltag. München 2009

Renz-Polster, Herbert: Gesundheit für Kinder: Kinderkrankheiten verhüten, erkennen, behandeln. Moderne Medizin – Naturheilverfahren – Selbsthilfe. München ⁴2014

Renz-Polster, Herbert: Kinder verstehen. Born to be wild: Wie die Evolution unsere Kinder prägt. Mit einem Vorwort von Remo Largo. München ⁶2013

Rhode, Rudi / Meis, Mona Sabine: Wenn Nervensägen an unseren Nerven sägen. So lösen Sie Konflikte mit Kindern und Jugendlichen sicher und selbstbewusst. München ⁹2014

Schneider Stephanie / Pannen Kai: Der kleine Streitberater. Familienkonflikte lösen mit Herz und Verstand. München ²2013

Seyffert, Sabine / Mark, Bernhard / Schliehe, Karin: Entspannung für kleine Knirpse. Zur Ruhe kommen mit Spielen, Übungen und Geschichten. München 2011

Solter, Aletha J.: Auch kleine Kinder haben großen Kummer. Über Tränen, Wut und andere starke Gefühle. Mit einem Vorwort von Thomas Gordon. München ⁹2013

Stöcklin-Meier, Susanne / Scharff-Kniemeyer, Marlis: Eins, Zwei, Drei – Ritsche, Ratsche, Rei. Kinderspielverse zum Lachen, Hüpfen und Tanzen. München ⁴2010

Stöcklin-Meier, Susanne: Falten und Spielen. Intelligent durch geschickte Finger. Mit Liedern, Versen und Spielideen. München ⁷2013

Die Autorinnen

Gesa Wohlleben

hat nach der Tätigkeit als Kinderkrankenschwester Pädagogik und Psychologie studiert. Neben der Familie mit zwei Kindern und vier Enkelkindern leitete die Berlinerin viele Jahre Spiel- und Bewegungskurse nach dem Prager-Eltern-Kind-Programm (PEKiP).

Mit dem neuen Buch »Zehn kleine Krabbelfinger machen auch Rabatz« will die erfolgreiche Autorin die Eltern und Kinder in ihrem friedlichen Zusammenleben unterstützen.

Xenia Bünning

ist Psychologin und PEKiP-Leiterin und lebt mit ihrem Mann und zwei Kindern bei Berlin. Aus den praktischen Erfahrungen mit der Leitung von Eltern-Kind-Kursen, bei denen immer die Elternarbeit und der Austausch zwischen den Familien im Mittelpunkt stehen, kann sie erprobte und hilfreiche Anregungen für den Alltag mit Kindern weitergeben.

Trotz gewissenhafter Recherchen ist es leider
nicht in allen Fällen gelungen, Autor oder
Fundstelle eines Textes ausfindig zu machen.
Wir bitten gegebenenfalls um Nachricht, damit
bei einer Nachauflage eine korrekte Quellen-
angabe erfolgen kann. Alle nicht gesondert
gekennzeichneten Verse oder Lieder stammen
von den Autorinnen oder sind überliefert.

Verlagsgruppe Random House FSC® N001967
Das für dieses Buch verwendete FSC®-zertifizierte
Papier *Hello Fat matt 1,1* liefert Condat, Le Lardin
Saint-Lazare, Frankreich.

Copyright © 2014 Kösel-Verlag, München,
in der Verlagsgruppe Random House GmbH
Umschlag: fuchs_design, München
Umschlagmotiv und Fotos im Innenteil:
Susanne Krauss,
S. 10, 15, 28, 38, 39, 44, 54, 56, 63, 64, 65,
83, 84, 95: Hendrik Wohlleben
Illustrationen: Jutta Wetzel
Herstellung, Layout und Satz: Nadine Wagner,
München
Druck und Bindung: Mohn Media, Gütersloh
Printed in Germany
ISBN 978-3-466-30805-7

Weitere Informationen zu diesem Buch und
unserem gesamten lieferbaren Programm
finden Sie unter www.koesel.de

Von Gesa Wohlleben im Kösel -Verlag

ZEHN KLEINE KRABBELFINGER
ISBN 978-3-466-30570-4

CD
Best.-Nr. 978-3-44-45751-9

ZEHN KLEINE KRABBELFINGER
AUF ENTDECKUNGSREISE
ISBN 978-3-466-30505-6

CD
Best.-Nr. 978-3-466-45725-0

KRABBELFINGER WERDEN GRÖSSER
ISBN 978-3-466-30677-0

CD
Best.-Nr. 978-3-456-45773-1

www.koesel.de   Sachbücher & Ratgeber

Warum sind Kinder, wie sie sind?

Leben mit Kindern

Herbert Renz-Polster
KINDER VERSTEHEN
Born to be wild: Wie die Evolution
unsere Kinder prägt
ISBN 978-3-466-30824-8

»Es geht um eine Erziehungshaltung, die den Kindern möglichst
gerecht wird, aber für die Eltern auch lebbar ist. Dieses Buch kann
Eltern bei ihrer Aufgabe unterstützen.«
Remo Largo

»Allen zu empfehlen, die sich lieber selbst Gedanken machen,
als sich auf Ratschläge zu verlassen.«
Gehirn und Geist

www.koesel.de Sachbücher & Ratgeber